Mario Mantese

Leben endet nie

Reiseführer in die Ewigkeit

Edition Spuren

Originalausgabe, 2. Auflage 2018

Edition SPUREN
Bahnhofplatz 14, CH-8400 Winterthur
edition@spuren.ch www.spuren.ch

Lektorat: Urte Knefeli-Zemp
Covergestaltung: Marion Musenbichler
Coverbild: Fotolia.com/Pirsik12

Printed in Czech Republic
Druck und Bindung: Finidr
ISBN 978-3-905752-59-5

INHALT

ÜBER DIE WELT HINAUS

In dieses Buch liest man sich nicht hinein, sondern entdeckt, was aus ihm herausströmt. Beflügelt vom Nicht-Wissen im Nicht-Sein, begleitet der Autor die Leser über die inneren Grenzen der sogenannten Tatsachenwelt. Er lädt dazu ein, tiefer zu schauen, um die ultimative Realität in sich selbst zu entdecken *und zu verwirklichen.*

Wer unaufhörlich Wissen anhäuft, leidet am Ende unter der Schwerkraft der angehäuften Informationsfülle, in deren Hülle er gefangen ist. Der Mensch befürchtet auch, dass er seinen mühsam errungenen Wissensschatz altersbedingt oder krankheitshalber wieder vergessen und verlieren könnte oder dass Teile seines Wissens unter Umständen fehlerhaft sein könnten. Er möchte alles, nur nicht als unwissender Dummkopf in der Welt dastehen.

Wissen nützt ja nur, wenn man sich an die im Gehirn gespeicherten Informationen erinnern kann und diese strukturiert und plausibel anderen kommunizieren und weitergeben kann. Sie, die anderen, werden diese Informationen prüfen und analysieren und entsprechend auf das Gehörte reagieren. Werden sie sich konsequent an allen Informationen und

Begebenheiten festkrallen, um vielleicht zwecks eigener Befriedigung unnachgiebig nach der Nadel im Heuhaufen zu suchen? Werden sie ihn schonungslos entblößen und Schwächen und Unsicherheiten aufdecken, nur um über ihn zu triumphieren und ihn zu dominieren? Ja, Wissen kann auch eine schreckliche Waffe sein!

Mit welchem Maß will man einen Mensch beurteilen oder verurteilen? Erkenne: Wer andere beurteilt oder verurteilt, vermischt sich selbst im Außen und weicht vom inneren Gleichgewicht ab. Ohne dessen gewahr zu sein, begeht er durch dieses Verhalten selbst einen Fehler, auch wenn er davon überzeugt ist, im Recht zu sein. Er schadet den anderen und schadet sich selbst. Wer sich über andere erhebt, kommt selbst zu Fall. Der Weise nimmt sich zurück und lässt das Schwemmholz an sich vorbeifließen, da nur im Nicht-Handeln alles in Ordnung kommt. Nicht-Handeln ist nicht gleichzusetzen mit Gleichgültigkeit oder Teilnahmslosigkeit, sondern es ist eine gigantische himmlische Intensität, wie man in diesem Buch entdecken wird.

ERINNERE DICH AN DEINE ZUKUNFT!

An was genau kannst du dich eigentlich erinnern? Mit Sicherheit nicht an deine Zukunft. Das, woran du dich erinnern kannst, sind vor allem deine unzähligen guten und schlechten Erfahrungen, die du erlebt hast, und das daraus gewonnene Wissen, das in deinem Gehirn eingelagert und gespeichert ist. Die gesamte Informationsflut stammt aus deiner eigenen Vergangenheit. Du lebst jetzt in der Gegenwart aus nichts anderem als deiner Vergangenheit und glaubst an deine Zukunft. Dies ist so, weil sich die Zeit scheinbar nur in eine Richtung bewegt und ausdehnt, nämlich nach vorne. All das, woran du dich erinnern kannst, bestimmt dein Leben und dein Dasein in der Welt. Aus der erinnerten Vergangenheit schmiedest du in der Gegenwart deinen Alltag. Doch dein Alltag ist nicht wirklich bewusster All-Tag, eher ein unbewusstes Reagieren auf Reflexe und Automatismen aus deiner Vergangenheit. Du erlebst immer wieder dein Gestern im Heute, ohne dessen wirklich gewahr zu sein.

Dein fortlaufendes Handeln, Formen und Gestalten ist eigentlich nichts anderes als ein unaufhörliches Umschichten deines Gestern ins Heute, wobei das Heute einen Lidschlag später bereits wieder das Gestern ist. So pflügst du dich durchs Leben und begegnest letztendlich nie jemand anderem als dir selbst.

Dein Lebensweg bildet sich dadurch, dass du ihn begehst. So ist dein Dasein in der Welt. So ist das So-Sein der Dinge und ihrer Wandlungen in der Welt.

Das, was du in deiner Gegenwart erlebst, ist von deiner Vergangenheit abhängig, da jeder von dir gefasste und ausgeformte Gedanke aus deiner erinnerten Vergangenheit stammt. Du kannst dich *nicht* an *nichts* erinnern. Es muss etwas da sein, an das du dich erinnern kannst, etwas, über das du nachdenken kannst. Über *nichts* gibt es nichts nachzudenken. Dieses Etwas ist deine gesamte erinnerte Vergangenheit. Schau hin und erkenne: Du bist ein Mensch von gestern, der im Glauben und in der Vorstellung eines eingebildeten Heute lebt.

Dein ganzes menschliches Erleben wird in deinem Gehirn ununterbrochen und automatisch zu dem, was du glaubst zu sein. Es wird zu dem, was du verarbeitest und verdichtest. Diesen Verarbeitungsprozess in deinem Gehirn, diese Abläufe kannst du weder beeinflussen noch kontrollieren noch steuern. Sie geschehen in dir, aber ohne dein Ich. Die Natur hat ihre eigene Dynamik.

Durch die vielen unterschiedlichen Informationen, Reflexe und Reize der Sinnesorgane setzt sich im Gehirn blitzschnell eine Erlebniswelt zu einem Bewusstseinskonstrukt zusammen. Dieses spiegelt Inneres im Außen und Äußeres im Innen. Durch diesen Reflex geschieht Bewusstwerdung. Das heißt, Bewusstsein wird sich als Bewusstsein gewahr.

Es muss etwa*s* da sein, dessen sich das Bewusstsein bewusst sein kann. Dieses Etwas ist sozusagen die Nahrung für das Bewusstsein. Das Nährende und das Genährte sind nicht getrennt voneinander, so wie du nicht getrennt von der Totalität existieren kannst.

Die äußere Weltenform folgt einer unfassbaren, unsichtbaren, intelligenten Kraft. Wende dich ihr zu! Durchschaue jedoch diese äußere Hülle, die du einerseits bist und andererseits nie warst. Das Gehirn ist die Schaltzentrale, die bewusstes Leben möglich macht. Es möchte sich selbst kennenlernen, über sich nachdenken und sich erforschen. Dieses Forschen ist natürlich nur innerhalb von Raum und Zeit möglich, wo es sich durch die Jahrtausende evolutionär entwickelt hat.

Doch da gibt es diesen innewohnenden seltsamen Drang, tiefer zu schauen, tiefer zu forschen, um innere Grenzen und Begrenzungen zu sprengen und zu überschreiten. Etwas im Bewusstsein möchte herausfinden, was jenseits dieser Grenzen ist, vielleicht auch, weil der Mensch den Gedanken an seine Vergänglichkeit schlecht ertragen kann. Jede Zelle des physischen Körpers ist mit dem Durst nach Leben und Überleben programmiert, denn Leben will leben! Aber was ist eigentlich Leben? Ich meine nicht die Lebensgeschichten und Erfahrungen, die den Menschen prägen und auszeichnen, nein, Leben an sich. Es ist eine unbekannte, geheimnisvolle Essenz, die diese Lebensgeschichten ermöglicht, ohne diese zu sein oder sich mit ihnen zu vermischen, so wie Sonnenlicht sich nicht mit Schatten vermischt. Es macht dieses Phänomen hingegen möglich. Nur vom Standpunkt des Nicht-Ich aus lässt sich der Schattenwurf der hinzugefügten Weltenform durchschauen und transzendieren.

Wer erwacht und im Licht der Ewigkeit die Welt betrachtet, sieht umfassend, was in der Zeit lebt und in der Zeit stirbt. Er ist von diesen Abläufen abgelöst. Weder die Vergangenheit noch die Zukunft vermögen den Erwachten zu berühren. Sein Hiersein ist vorweltlich, formlos und gestaltlos.

Realisiere dies, und betrete das reine Land der Stille! Unermessliche Ruhe wird dich erfüllen und durchfluten. Erwachen heißt nicht, den ganzen Tag euphorisiert mit einem verklärten Lächeln durch die Welt zu spazieren. Wer aus der Tiefe lebt, hält sich an nichts fest. Er ruht unspektakulär im Unfassbaren.

Erwachen geschieht nicht so, dass man in einem nicht messbaren Bruchteil eines Momentes aus der Ewigkeit über die Prozesse der Vergangenheit nachdenkt, um dort Korrekturen zu vollziehen. Es ist eher ein stilles Nicht-Denken, ein stilles Nicht-Einmischen, ein stilles Nicht-Eintauchen, ein stilles Nicht-Handeln, ein in sich ruhendes Gewahr-Sein, in dem der Erwachte alles Nicht-Wirkliche im Wirklichen klar sieht. Der Erwachte sieht, ohne sich mit dem Gesehenen aktiv zu vermischen und zu identifizieren. Sein Sehen ist leer und weit wie der strahlend blaue Himmel. Weiße und dunkle Wolken schweben dahin. Der blaue Himmel bleibt davon unberührt. Phänomene, die erscheinen und sich wieder auflösen, berühren den Erwachten, der im Vorweltlichen gefestigt ist, nicht.

Jenseits des Erkennbaren liegen der Anfang und das Ende der Welt. Der Raum nimmt alle Phänomene in sich auf und bietet ihnen ein Zuhause. Wie könnte dies den Abgelösten jemals bewegen, ihn, der sich nicht mehr nach außen kehrt und frei von subjektiver Befangenheit ist? Undenkbares, Unvorstellbares und Unsichtbares sind dem nach außen gekehrten kühlen Verstand und den nach außen orientierten Sinnesinstrumenten nicht zugänglich. Und doch gibt es diese vorweltliche Erfahrung, in der der Erfahrende abwesend und weggeschmolzen ist. Frei von Vergangenem und Zukünftigem ruht der Erwachte in der Stille des großen Mysteriums.

LASS DICH LOS!

Deine ganzen Erinnerungen sind in einem gigantischen, unsichtbaren Reservoir in deinem Gehirn eingelagert und gespeichert. Erinnerungen sind eigentlich inaktive schlafende Kräfte und Energien, die jeden Moment abgerufen, geweckt und reaktiviert werden können. Dein Alltag setzt sich aus dem, an das du dich erinnern kannst, zusammen, und das, woran du dich erinnern kannst, stammt ausschließlich aus deiner Vergangenheit.

Permanent strömen Erinnerungen in dein Bewusstsein hoch und aktivieren dein Denken und deinen Verstand. Die unermüdlichen Wissensinfusionen, die unaufhörlich das Gehirn überfluten und bedrängen, können unter Umständen auch massive Unruhestifter sein, die dir deine innere Ruhe und Lebensqualität rauben.

Die Gegensätze, die durch das konzeptuelle Denken erzeugt werden, nehmen die Psyche des Menschen in Beschlag und zwingen sie zu immer neuen Denkübungen, die vor allem der Gestaltung der eigenen Wirklichkeit dienen. Was Denkgefechte bewirken können, ist bekannt, da jeder seine eigene Wirklichkeit, in der er lebt, bis aufs Äußerste verteidigen wird.

Denken erschafft und umfasst bestimmte Gebiete, mit denen sich das Einzelwesen befasst und identifiziert. Doch unendlich weit ist die Grenzenlosigkeit jenseits der engen konzeptuellen Denkwelt, aus der die vergänglichen Gebiete und Zustände im Bewusstsein des Einzelnen entstanden sind. Bei näherer Betrachtung wird klar, dass diese durch das Denken erzeugten Konstrukte dem Bewusstsein hinzugefügt worden sind und dass Denkwelten in Wirklichkeit unwirklich sind. Sie sind aus zusammengewürfeltem, spekulativem Wissen entstanden.

Du klammerst dich an Formen und Dinge, die es, außer in deiner vorgestellten Denkwelt, eigentlich gar nicht gibt. Was Form und Gestalt annimmt, wird wieder zerstört. Das weißt du, doch das Bewusstsein blendet diese Tatsache elegant aus. Es identifiziert sich mit dem Körper, und der will nur eines: leben und überleben – und vor allem nicht sterben.

Du bist dir deiner Vergänglichkeit und der Vergänglichkeit aller Dinge eigentlich bewusst. Trotzdem klammerst du dich an alles Vergängliche, und zwar so, als wäre das Vergängliche wirklich und unvergänglich. Das ist tragisch, denn genau dieses Anhaften an Dingen und Körpern erzeugt viel Leiden, Ängste und unterschiedlichste Verunsicherungen.

Die Angst, jemand oder etwas, den oder das du liebst und das dir wichtig ist, zu verlieren, weckt tiefes Unbehagen, ein Gefühl von Niedergang. Dieses Empfinden wirkt destabilisierend. Die Bedeutung, die du den Formen und Körpern zugestehst, bewirkt dies. Die Welt und alle Körper wandeln sich ständig. Lebewesen erscheinen und verschwinden dann wieder von der Bühne des physischen Daseins. Was einmal war, ist nicht mehr.

Löse dich vom äußeren Schein! Ein Absturz in eine unbekannte Nacht findet nicht statt, wenn du des Himmels Glanz in dir entdeckst. Fürchte dich nicht, und erwache aus dem Nicht-Selbst! Lass *das*, was du *nie* warst, von dir wegschmelzen! Fällt der Körper ab, bedeutet das für das vorweltliche Sein keinen Verlust.

Lass dem Wandel seinen Lauf! Versuche nicht, ihn zu beeinflussen oder zu kontrollieren. Kümmere dich nicht um das Unvermeidbare! Sei gewahr, dass du nur *das* loslassen kannst, was du in Wirklichkeit *nicht* bist. Dich selbst kannst du nie loslassen.

Sei still und beobachte, wie sich Glück und Unglück, Liebe und Hass, Freude und Leid, Gesundheit und Krankheit, Leben und Tod ständig abwechseln. Sei still und sei gewahr, dass diese dahinfließende, sich ständig verändernde äußere Daseinsform unmöglich *du* sein kannst. Das Bezeugende kann nie das Bezeugte sein. Du objektivierst die Abläufe. Du bist jedoch nie das, was du objektivierst. Die bezeugte Welt bist du nicht und der von dir bezeugte Körper auch nicht. Du kannst nie das sein, was du betrachtest. Das Subjekt wird nie zum Objekt.

Die Welt hat dir nie gesagt, dass sie existiert. Auch dein Körper hat dir nie erklärt, dass er dir gehöre – das behauptest *du*. Das Problem liegt darin, dass du den Körper und die Welt als dein Eigentum betrachtest und dich auch dementsprechend verhältst.

Dein Sehen wird immer vom Gesehenen und dem Erinnerten beeinflusst. In deinem Sehen bist du immer allein. Was immer du auch siehst, es ist eine Spiegelung deines nach außen gekehrten Bewusstseinskonstrukts, das du als deine Welt und deinen Körper wahrnimmst und akzeptierst.

Aber da muss es doch noch *etwas* geben, ein Etwas, das dieses Andere ermöglicht, eine unsichtbare Grundlage, eine unbekannte allumfassende Essenz, die nicht getrennt von *dem, was du ewig bist*, existiert. Du bist davon überzeugt, dein Innenleben in einer von dir getrennten Außenwelt wahrzunehmen und zu erleben. Genau gesehen lebst du jedoch immer ununterbrochen in deinen eigenen Spiegelbildern, die du mit deinen Gedanken und Gefühlen ausfüllst und belebst.

Das, was durch das Auge sieht, ist nicht das Auge selbst. Das, was durch das Ohr hört, ist nicht das Ohr selbst. Das, was durch die Nase riecht, ist nicht die Nase selbst. Das, was mit der Zunge schmeckt, ist nicht die Zunge selbst, und das, was durch die Haut fühlt, nicht die Haut selbst. Etwas Grundlegendes und Essenzielles ist da, das diese bewussten Sinneswahrnehmungen ermöglicht.

Dein wirkliches Hiersein ist nicht so, wie du dir das in deinem Außen vorstellst und ausdenkst. Eins ist jedoch sicher, du bist nicht hier, um in irdischen Sorgen zu leben und zu leiden und dich von ihnen erobern zu lassen.

Wer abgelöst ist, trägt Himmel und Erde in sich und vereint sie. Er ist das Gleichgewicht zwischen den beiden und bewirkt im Nicht-Tun Ruhe und Frieden für alle Lebewesen. Gehe nie leichtsinnig mit Gedanken und Worten um! Es sind wahrlich kostbare, himmlische Instrumente.

Analytische Denkfaulheit ist eine Krankheit, aus der man schleunigst erwachen und von ihr genesen sollte. Das Leben bietet mehr als das, was man im Regelwerk des durchorganisierten Alltags mit seinen automatisierten Abläufen und Gewohnheiten erlebt.

Sinnhaftigkeit findest du nicht in deinen Vorstellungen, Konzepten und dogmatischen Glaubensmodellen, sondern in *dem,* was vor dem Erdachten und Vorgestellten in dir existiert. Nicht-Ich ist nicht abhängig vom Ich-Bin, das in Raum und Zeit erscheint. Sie bedingen einander nicht. Nicht-Ich existiert abgelöst vom Ich-Bin, doch Ich-Bin hat ohne Nicht-Ich keine Grundlage, keine eigene Existenz. Aus der Betrachtungsweise des Ich-Bin ist Nicht-Ich unwirklich und inexistent. Aus der Betrachtungsweise des Nicht-Ich ist das äußere Ich-Bin unwirklich und hat als solches nie wirklich existiert. Ein tief greifendes Vordringen in diese unterschiedlichen Betrachtungsweisen sprengt den Angelpunkt, in dem diese angesiedelt sind. Ein Tor in die Ewigkeit öffnet sich. Widersprüche und Gegensätze haben dort nie existiert.

Ja, es ist ein Paradoxon. Die Welt existiert, gleichzeitig existiert sie nicht. Was gleichzeitig existiert, ist jedoch von *etwas* abhängig, mit dem es gleichzeitig existieren kann. Löse dich deshalb vom Gleichzeitigen und der Gleichzeitigkeit ab. Klebe nirgends fest! Was du glaubst zu sein, das bist du nicht wirklich. Was du *wirklich* bist, entzieht sich deinem Denken, deinem Wissen, deinen Erinnerungen, deinem Verstand und deinem Glauben.

Was durch dein Denken als Erdachtes im Bewusstsein erscheint und zu deinen bereits vorhandenen Erinnerungen hinzugefügt wird, beeinflusst dein Sehen und bestimmt das, was du im Außen alles erlebst und als dein Leben akzeptierst. So gesehen, erlebst du vor allem das Hinzugefügte und nicht *das*, was *ewig* und vorweltlich ist. Realität ist absolute Lebendigkeit, die ungetrennt individuelles Leben auf der Erde ermöglicht, ohne sich mit dem individuell Erscheinenden zu mischen oder zu vermischen, so wie Öl sich nicht mit Wasser vermischt.

Fürchte dich nicht davor, undenkbar zu sein. Das, was du denken kannst, ist nie dein wirkliches, unberührbares Sein. Alles, was du dir ausgedacht hast, ist dein Nicht-Selbst, das du wirklich *nie* warst.

Sei gewahr, dass du keinen einzigen Augenblick in der äußeren vergänglichen Welt zu Gast warst und doch ewig *hier und jetzt* bist. Du erscheinst zwar in der Außenwelt, aber die Außenwelt bist du nicht. Dein wirkliches Sein ist vorweltlich reine Essenz, das undenkbare Geheimnis.

Am Morgen, wenn du im Bett erwachst, öffnet sich dir dein physisches Leben. Du bist aus dem Schlaf in den Wachzustand zurückgekehrt und beschäftigst dich unmittelbar und gewohnheitsmäßig mit allen Dingen und Objekten, die dir begegnen. Mit deinen Gedanken und Gefühlen vermischst du dich mit der Welt, die du durch deine Sinne wahrnimmst. Du identifizierst dich mit allem, was von deinem Ich-Bewusstsein als wirklich und wahr angenommen und bezeugt wird. Momente zuvor, im Schlaf, ruhte dein gesamtes psychodynamisches Dasein in einem inaktiven Bewusstseinszustand an einem Ort, wo alles nichts ist und doch *nichts nichts* ist.

Im Schlaf warst du dir weder deines Körpers noch der Wachwelt, in dem er existiert und funktioniert, bewusst. Wahrlich, Schlaf ist eine Bewusstlosigkeit, in der die Welt und auch das Wissen der Welt völlig abwesend sind. Warum das so ist? Weil es so ist, wie es ist!

Wir können das kosmische Ausdehnen und Zusammenziehen, das Erscheinen und Vergehen der großen Zyklen weder steuern noch kontrollieren, so wenig wie man die Ebbe und die Flut der Weltmeere steuern oder kontrollieren kann. So wie Ebbe und Flut sich abwechseln, so tauchst du jede Nacht in den Schlaf ab und wirst jeden Morgen wieder in den Wachzustand hochgespült.

Der Mensch, der sich innerlich frei und widerstandslos in die großen kosmischen Zyklen einfügt, wandelt im Licht. Er erzeugt, ohne zu besitzen, und wirkt frei von Wollen. Er stört die Welt nicht. Wer im Vorweltlichen gefestigt ist, sieht die Begrenzung des Körpers und ist gleichzeitig der Unbegrenztheit seines wirklichen Hierseins gewahr.

Ein aufmerksamer Blick auf die Wahrnehmung deiner Gefühle, deines Denkens, deiner Überlegungen und Handlungen beleuchtet, wie du dich durch den Raum deiner Außenwelt bewegst. Diese Gehirnaktivitäten, die das Körperhafte und die Außenwelt erscheinen lassen, sind im Schlaf still und inaktiv. Hörst du deshalb im Schlaf auf zu existieren, oder existierst du auch ohne Körper und Welt im Schoß des Bewusstseins weiter? Die fortlaufenden Erfahrungen von Wachsein und Schlafen bestimmen das physische Dasein aller Lebewesen. Jeden Morgen kehren alle aus dem Schlaf in die Wachwelt zurück.

Vor einigen Momenten warst du noch im Tiefschlaf, ohne Körperbewusstsein, ohne eine erlebbare Welt und ohne den Wissenden, der zu wissen glaubt. Ohne den Wissenden entsteht keine Individualität, denn der Wissende ist der Architekt der gesamten Gebäudekonstruktion, die man Ego nennt. Der Wissende ist das, was er weiß. Wenn sich das Bewusstsein spontan regt und als eine Form in Erscheinung tritt und funktioniert, nimmt diese äußere Form an, ein Individuum zu sein. Was sich so zusammengefügt hat und im Gehirn verarbeitet wird, hinterlässt unterschiedliche Erinnerungsspuren, an denen sich das Gehirn orientiert. Die Kapazität und Geschwindigkeit, mit der das Gehirn aus dem Erinnerten lernt, übersteigt das menschliche Auffassungsvermögen und den begrenzten Verstand.

Alles, was du bist oder glaubst zu sein, existiert ausschließlich als *Vor*stellung im Gehirn, das unermüdlich über sich selbst nachdenkt. Nichts geschieht oder existiert außerhalb deiner Gehirnaktivität, auch deine Vorstellung einer individuellen Existenz nicht. So gesehen, bist du nichts anderes als ein Konstrukt deiner eigenen Gehirnaktivitäten.

Hier stellen sich folgende Fragen: Hast du ein Gehirn oder bist du das Gehirn? Gehört das Gehirn dir? Gehört die Welt, die sich durch

Sinnesaktivitäten im Gehirn zusammenfügt, dir, oder bildet sich das Gehirn diesen Anspruch aufgrund intensiver Identifikationen mit den erscheinenden Bildern und den dadurch ausgelösten Gefühlen bloß ein? Was gehört wem, und warum muss immer alles jemandem gehören? Diesen Jemand, der Ansprüche stellt, gibt es in Wirklichkeit ja gar nicht.

Keinen Moment hat dein wahres, *ewiges Sein* in der Außenwelt gelebt und dort etwas Spezifisches erfahren oder genossen. Auch den physischen Tod wird dein ewiges Sein nicht erleben und erfahren, da der Erfahrende an sich nur ein phänomenales Konstrukt des Bewusstseins ist. Dieses Bewusstseinskonstrukt ist zwar eine Erscheinung deines wirklichen Seins, doch nicht mehr als ein Dunstschleier vor der Sonne.

Der Abbau der äußeren Illusion führt zur Vollkommenheit, zur inneren Leere, in der das unablässige Aufbauen eines äußeren vergänglichen Lebens nicht mehr stattfindet. Das äußere Leben ist kein Ziel und der physische Tod keine Befreiung.

Die Sinne funktionieren wie Scheinwerfer. Je nachdem, wie sie vom Verstand eingesetzt werden, beleuchten sie ein Objekt oder ganze Landschaften. Die wahrnehmbaren Objekte erscheinen dem Verstand als wirklich und wahr zu existieren. Dadurch entstehen Begehrlichkeiten und unterschiedliche Identifikationen mit den vielen wahrgenommenen Dingen und Objekten im Raum der Welt. Durch einseitige Zuneigung und Anhaftung an Vergänglichem verblasst der Glanz des himmlischen Seins. Er wird weggedrückt und verleumdet. So wird das Unbedingte zu Bedingtem, das Lebendige zu Totem. Diese nach außen drängenden, sich nach außen fokussierenden Orientierungskräfte bewirken eine Verpuppung, eine Einkapselung des Menschen in seine eigenen Projektionen.

Die Welt wandelt sich ständig. Gedanken, Gefühle und Lebensvorstellungen wandeln sich ständig. Kein Moment gleicht dem nächsten. Letztlich sind diese Bewegungen bloß Spiegelungen im Bewusstsein, *Ein*bildungen einer vorgestellten Welt. Alles ist ein Wirken des Ewigen, von Bewusstsein zu Bewusstwerdung, von Unsichtbarem zu Sichtbarem – wie ein Hauch auf einem Spiegel. Diese Erfahrung vollzieht sich anstrengungslos, in der Abwesenheit eines Erfahrenden, ohne ein Ich-Bewusstsein. Das Innen tritt mit dem Außen in Verbindung, ohne sich mit diesem zu verbinden oder zu vermischen. Werden findet nicht statt. Es gibt nur ein Licht, eine Kraft, ein Sein, und das bist *du!*

Unzählige Körper werden erschaffen und wieder zerstört. Diese Prozesse berühren *das, was du ewig* bist, *nie*. Die Zeit durchströmt die Welt und folgt ihrer Bestimmung und Wirksamkeit. Sonne und Mond vergehen. Lass dich nicht mehr von den Jahrtausenden mitschleppen!

Nimm sachte das Universum in deine Arme und begleite es zurück in die Ewigkeit – aus dem Nichts-Sein ins Nicht-Sein.

Erwache! Lasse dich nicht von physisch zeitgebundenen Sehnsüchten zu Grabe tragen. Dein wahres Sein ist zeitlos, ewig und vorweltlich. Kehre dich nicht nach außen, mische und vermische dich nicht mit Dingen und Objekten, die in deinem Bewusstsein erscheinen und wieder vergehen! Klammere dich nicht an Sterbliches, auch nicht an deinen Körper! Die ganzen Materialien, aus denen sich die Außenwelt aufbaut und zusammensetzt, lösen sich zu gegebener Zeit wieder in ihre Bestandteile und Elemente auf. Nichts ist dauerhaft. Nichts, was geboren, gemacht, gestaltet und geworden ist, bleibt bestehen, außer dem, *was du ewig bist*.

Wer das Nichtwirkliche für wirklich hält und dementsprechend handelt, hat das Vorweltliche aus den Augen verloren und schwimmt im Ungewissen.

WARUM LEBST DU?

Ja, warum lebst du eigentlich und wofür? Warum bist du hier, in dieser vergänglichen Welt? Erfüllt dein Hiersein vielleicht einen unbekannten, vorbestimmten Zweck? Ergibt dein Hiersein überhaupt einen Sinn, oder bildest du dir den Sinn bloß ein?

Dein Leben besteht vor allem aus konditionierten verkörperten Gedanken, unterstützt von treibenden Willenskräften. In diesem engen Raum versuchst du dich zu verwirklichen und glücklich zu werden. Du suchst nach dem verborgenen, unbekannten spirituellen Selbst, doch diese Suche verläuft genau nach den registrierten Spuren deiner Erinnerungen und deines aktiven Verstands. Du suchst dich selbst, weil du scheinbar spürst, dass etwas mit dir nicht stimmt. Du suchst nach den Gründen, weshalb du Leid, Sorgen und Ängste erfährst, und danach, warum du ein Ich hast und dich als Ich-Bin definierst.

Ohne ein Ich gäbe es diese Übel nicht. Klammere dich an nichts Vergängliches! Festige dich im Vorweltlichen! So werden sich die Nicht-Selbst-Kräfte allmählich wandeln. In dieser Wandlung lösen sich Wünsche, Begierden und Sorgen auf und verflüchtigen sich wie der Rauch eines Feuers.

Kehre dich ganz nach innen! Lass deine Sinne

im Bewusstsein ruhen und füge nichts Äußeres mehr hinzu. *Das, was du wirklich bist,* wird sich dann ganz natürlich offenbaren.

Je weniger du wirst, desto tiefer *ent*deckst du dein wahres Sein. Alle Dinge und alle Formen haben einen Anfang und ein Ende. Sie sind Zeugen der begrenzten, unbeständigen Welt der Sinne. Der Verstand jedoch schenkt allen Dingen und Formen große Bedeutung. Durch dieses Verhalten wird Habgier geweckt und im Bewusstsein entzündet. So wird das Habenwollen entfacht und als Folge das Festkrallen an vergänglichen Körpern und Objekten. Das angestrebte und erhoffte Glück findet man allerdings ganz offensichtlich nie getrennt und außerhalb von sich selbst. Kein Objekt enthält ihm innewohnendes Glück. Du projizierst einfach deine Glücksgefühle auf Objekte deiner Begierden, ausgelöst durch Hormonschübe. Alles Vorübergehende kann auch nur vorübergehende Freuden und Zufriedenheit schenken und endet letztendlich immer in Unzufriedenheit und Enttäuschung.

Tauche auf aus den Wirren der Zeit! Etwas Geheimnisvolles in den Tiefen deiner Seele möchte aufleuchten. Du bist Licht. Der Körper und die Welt sind bloß Schattenspiel. Erkenne: Du kannst nur das überwinden und ablösen, was du in Wirklichkeit *nicht* bist. Dich selbst kannst du nicht loslassen. Also durchschaue dieses illusorische Nicht-Selbst-Feld und ermögliche ihm, zu verdunsten. Füge dich ein in die *eine untrennbare Wirklichkeit!* Sei dir jedoch bewusst, dass es sich nicht um irgendeinen besonderen exaltierten Zustand handelt, in dem man abgehoben auf Wolke sieben schwebt.

Da ist eine tiefe Stille, ein grundloses Zufriedensein, das in Worten nicht erklärbar ist. Diese Stille ist eine leuchtende Essenz, die nichts erzeugt und doch alles ist, was ist. Sie ist das vorweltliche Mysterium, deine wahre Natur.

Es ist diese Quelle der allgegenwärtigen Lebendigkeit, die physisches Leben auf Erden möglich macht. Diese heilige Essenz vermischt sich mit nichts Physischem. Sie wurde nie zu etwas, nie zu einer vergänglichen Form, ewig unberührt von Vergänglichem. Stille wird nie Lärm, sonst ist sie nicht Stille.

Lebendigkeit ist mehr als nur ihr Begriff und lässt sich weder analysieren noch messen noch wiegen. Sie befindet sich jenseits aller Ursachen und Wirkungen. Sie ist deine wahre Natur! In diesem Mysterium vereinen sich das Endliche und das Unendliche, das Schwere und das Leichte, das Sterbliche und das Unsterbliche.

Du bist nie *das*, was du glaubst zu sein. *Das,* was du glaubst zu sein, ist mit Sicherheit etwas anderes, als *das*, was du *wirklich* bist. Weil du davon überzeugt bist, eine Persönlichkeit zu sein, die physisch an einem bestimmten Ort lebt und handelt, hast du *das*, was du wirklich bist, aus den inneren Augen verloren.

Du starrst nach außen ins Nichts und bist davon überzeugt, dass die bildhaften Spiegelungen deiner Wahrnehmungen im Bewusstsein als etwas Wahres, Konkretes wirklich existieren. Du bist fest davon überzeugt, dass dein Leben, so wie es sich dir durch deine Sinne präsentiert, wirklich und wahr sei. Diese nach außen gekehrten, fest geprägten Vorstellungen und Konzepte sind in Wirklichkeit deine Nicht-Wirklichkeit. Im Außen wirst du von deinen Hirngespinsten, deinen Willensäußerungen und Weltvorstellungen von Tod zu Tod mitgerissen und findest keine Ruhe.

Findest du nicht auch, dass gerade *jetzt*, in diesem Augenblick, der richtige Moment wäre, diesen alten Todesritt zu beenden und dich von den nach außen treibenden Kräften für immer zu verabschieden? Die oberflächlichen Lebensaktivitäten sind ja eigentlich ausgeschöpft. Das alte, baufällige innere Haus lässt sich auch nicht endlos renovieren und bewohnen. Löse deine Hände von allem Toten, du wirst keinen Verlust erleiden. Erwache, und lebe nicht mehr *in dem* und *aus dem*, was du wirklich *nicht* bist!

Denke nicht, das sei schwierig oder nicht möglich. Solche Gedankenkräfte schwächen dein Sein und bilden das Futter für den Todesritt durch die Zeit. Galoppiere nicht dem Leben nach! Schade weder dir noch den Mitmenschen! Entledige dich des Wünschenden und seiner Wünsche! Entledige dich aller Lieblosigkeit und Gier! Sei gewahr, dass dein Innerstes ewig vorweltlich ist, frei von Vorstellungen, frei von Konzepten, formlos, eigenschaftslos und unerklärbar. Den äußersten Punkt erreicht man nicht im Hinausgehen, sondern entdeckt ihn dort, wo die Dinge in ihrer Getrenntheit noch nicht begonnen haben, sich aufzuspalten. Durch Entfaltung verblasst das *eine* Ungetrennte. So wird Sinn zu Sinnlosigkeit.

Lebendigkeit ist die geistige Grundlage alles Manifestierten. Die Manifestation entsteht im Verstand, und der Verstand ist die Quelle, aus der alle Gedanken hervorfließen. Ohne Lebendigkeit gäbe es keine Manifestation, keinen Verstand und keine Gedanken. Mit deinen Gedanken und dem Verstand kreierst du deine eigene psychische und physische Verfassung, in der du lebst und Zuflucht findest.

Du lebst in deiner eigenen imaginierten Welt. In dieser psychologischen Verkleidung präsentierst du dich auch im Außen den Mitmenschen. Von deinem eigenen individuellen Standpunkt aus betrachtest, analysierst und beurteilst du die psychologischen Verkleidungen der anderen. Dadurch hoffst du mehr über sie – und dich – zu erfahren.

Diese starken inneren Abbildungen, die du von dir und den anderen hast, vibrieren aktiv in deinem konditionierten und traumatisierten Bewusstsein. Deine enge genormte Sicht der

Dinge zwingt dich, dein erdachtes illusorisches Universum als eine unentrinnbare Wirklichkeit zu sehen und zu erleben, denn du glaubst an *das*, was du erlebst. Deine physische Zeitgestalt mit ihren unzähligen Vorstellungen, Wünschen und Träumereien wurde jedoch geboren und wird in absehbarer Zeit wieder sterben und aus der sichtbaren und erlebbaren Welt verschwinden.

Die Tragödie besteht darin, dass du dich mit all den von dir erdachten und gewollten Objekten identifizierst, dich an sie festklammerst, an sie glaubst und ständig zu vermehren suchst. Eine subtile Habgierkraft hat deine Psyche infiziert. Jedes einzelne Ding und Objekt scheint für sich selbst zu existieren. Alles, was erscheint, wird allerdings durch eine einheitliche, allem zugrunde liegende mysteriöse Essenz genährt und irgendwann auch wieder zerstört. Ohne diese unbekannte, unfassbar nährende Kraft wäre nichts wahrnehmbar und nichts erlebbar.

Sei stets gewahr, dass dein wirkliches Hiersein *vor* allen Erscheinungen existiert. Wahrlich, du bist absolut abwesend in der Welt und gleichzeitig absolut anwesend in der Welt. Was erscheint und vergeht, kann dein wahres Sein nie berühren.

Wie wirkt diese himmlische Essenz? Wirkt sie überhaupt? Ein Beispiel könnte Klärung bringen: Ohne Strom würden die unzähligen Lampen und unterschiedlichen Geräte und

Maschinen in einer Stadt überhaupt nicht funktionieren. Durch Millionen unterschiedliche Objekte fließt derselbe Strom: durch Haushaltsgeräte, Maschinen, Radios, Fernseher, Computer, Lampen und vieles andere mehr. Elektrizität ermöglicht all diesen vielen Objekten ihre spezifische Funktionalität und Brauchbarkeit. Ohne Elektrizität wäre dies nicht möglich.

Ähnlich ist es mit der *einen* himmlischen Essenz, die durch Billionen unterschiedlichster Lebensformen wirkt und ihnen physisches Leben ermöglicht. Ohne diese allem zugrunde liegende Essenz gäbe es kein physisches Leben. Etwas Unfassbares ist da, damit etwas Fassbares sein kann. Nichts kann getrennt oder außerhalb dieser mysteriösen himmlischen Essenz existieren. Alles, was erscheint, existiert im selben Raum, im selben Bewusstsein. Die himmlische Essenz ist ewig. Die Welt in ihr wandelt sich jedoch ständig, so wie Schatten im Licht tanzen. Das Ewige wird von den Einflüssen der Außenwelt nie berührt. Der Erwachte verlagert darum sein Wirken nicht mehr ins Außen und vermischt sich nicht mit den Dingen, die kommen und gehen. Er lebt zeitlos in der Zeit.

Warum glaubst du, dass du getrennt von anderen Menschen und Lebewesen existierst? Warum siehst und erlebst du dein Dasein getrennt und außerhalb von dir selbst und suchst dort nach dem Sinn des Lebens? Wer bist du, und wo möchtest du außerhalb von dir selbst hingehen? Wen möchtest du außerhalb von dir kennenlernen?

Du weißt viel und glaubst an vieles. Was du weißt und alles glaubst, wurde allerdings zum reinen und ewigen Hiersein hinzugefügt und ist infolgedessen dein überlagertes Nicht-Selbst. Du siehst Unwirkliches als wirklich an und belebst unermüdlich das Unwirkliche. Das ist dein eigentliches Dilemma.

DAS ZUFALLSPRODUKT

Du bist das Produkt eines sexuellen Aktes deines Vaters und deiner Mutter. Als sie sich vereinigten, dachten sie sicher nicht an dich. In diesen Momenten konnten sie nicht wissen, dass eine Befruchtung stattgefunden hat. Du bist ein Zufallsprodukt, das vielleicht gar nicht geplant war, und somit auch nicht unbedingt erwünscht. Wie dem auch sei, nach neun Monaten bist du aus dem Mutterleib geschlüpft. Doch vom Tag eins an warst du im Mutterleib permanent vom Tod umgeben, denn das Leben und der Tod sind Zwillinge und treten mit der Befruchtung gleichzeitig in Erscheinung. In jedem Augenblick, mit jedem Atemzug kann das Leben unerwartet vom Tod verschlungen werden. Es ist keineswegs selbstverständlich, dass du gerade jetzt, wo du diese Worte liest, noch lebst. Da, wo Ursachen und ihre Folgen entstehen, lauern viele Gefahren.

Wo und wer warst du vor der Befruchtung? Warst du *nichts* und wurdest erst durch die Geburt zu *etwas*, zu einem Jemand? Niemand hat dich gefragt, ob du geboren werden möchtest. Du hattest keine Wahl, auch bezüglich deiner Eltern nicht. Eigentlich bist du, physisch gesehen, ein Leibeigener deiner Eltern, denn sie haben deinen Körper produziert, ihn behütet, ernährt und großgezogen. »Du bist unser

Kind«, wird dir erklärt. Diese Aussage ist auch gar nicht so abwegig, da das genetische Material, die physiognomischen Merkmale und die charaktereigenen Wesenszüge darauf hinweisen, dass sie eigentlich recht haben. Trotzdem bist du fest davon überzeugt, dass du der alleinige Eigentümer deines Körpers seist.

Woher stammt dieser Eigentumsgedanke, dieser Eigentumsanspruch? Von dir, von deinen Eltern oder von euch beiden gleichzeitig? Woher dieses Empfinden von Mein und Dein?

Du sagst oder denkst, das ist mein Körper, aber das sagst nur du, und nicht dein Körper. Fleisch und Knochen sprechen nicht. Der Körper hat dir nie gesagt, dass er dir gehöre – das sagst du. Du empfindest dich als Subjekt und den Körper als dein Objekt. Dein Körper ist dein Instrument, das von dir geschickt benutzt und eingesetzt wird, um deine Befehle auszuführen und deine Willenswünsche in konkrete Taten umzusetzen. Du bestimmst, wohin dein Körper gehen darf und wohin nicht, und welche Handlungen er ausführen muss und welche nicht. Mal behandelst du ihn gut, ein andermal schlecht. Du bist der Herrscher über deinen Körper.

Diese Sklavenhaltungsmentalität überträgst du auch auf andere Körper und Mitmenschen, die du als Mein empfindest und als Mein beanspruchst. Meine Frau, mein Mann, meine Kinder, mein Haus, mein Auto, mein, mein, mein ... Durch dieses hypnotische Mein-Kraft-Konzept bindest du dich an alles, was du dein Eigen nennst, und identifizierst dich unweigerlich damit. Dadurch vollzieht sich eine Einswerdung mit allem Sterblichem, eine Übereinstimmung und Gleichschaltung mit allem Vergänglichen. Das Mein-Konzept ist eine psychische Verfassung, die grundlegend das gesamte Weltverständnis prägt, beeinflusst und bestimmt. Diese sonderbare Veranlagung bestimmt die Art, wie du dich und deine physische Anwesenheit in der Welt siehst, erlebst und verstehst.

Gieriges, egoistisches Verhalten erkämpft sich roh einen Weg und einen Platz in der Welt. Dieser Platz wurde offensichtlich mit Egokräften gebaut und gepflastert. Durch diese Kräfte wird dieses überlagerte Konstrukt instand gehalten, gepflegt und, wenn nötig, auch verteidigt. Dieses Verhalten führt in eine ungute, selbst erschaffene Beschränktheit und Isolation. Solch eine Schattenmauer ist in der Natur nirgends vorgesehen, deshalb leidet die lichte Seele unter dieser Belastung. Die unsichtbaren Glieder egoistischer Gedankenketten nageln die Seele an die Vergänglichkeit und den Tod, und der Tod – hier ist nicht der physische Tod gemeint – ist die unerbittliche Konsequenz dieses absurden, nach außen gekehrten Verhaltens.

Ein ichzentriertes Verhalten schafft nichts als Kerne des Leidens und eine schlechte Befindlichkeit, da dieses Verhalten aus unterschiedlichen düsteren Launen und Gesinnungen entstanden ist. Hier ist kein guter innerer Aufenthaltsort, an dem der feine Herzschlag des Universums nicht mehr hörbar ist. Wenn die Wurzel des himmlischen Seins irrtümlicherweise nur noch nach außen, auf Materielles starrt und sich mit diesem verbündet, herrschen Chaos, Empfindungslosigkeit, Missgunst und Skrupellosigkeit. Wahrlich, Egozentrik ist ein weltabgewandtes, liebloses, menschenunwürdiges Verhalten!

Das Alltagsleben ist äußerst fragil und kann jeden Moment durch ein krasses, unerwartetes Ereignis aus dem Gleichgewicht geraten. Das psychodynamische Dasein in der Welt ist wie ein feines Gewebe, das jederzeit zerreißen kann, da es aus mühsamen Lebenskämpfen und den daraus resultierenden Erinnerungen gewoben wurde. Ein Auftauchen aus den alten Egokräften ist jederzeit möglich, wenn der Mensch zu einer konsequenten Innenschau bereit ist. Wenn man die Wirkungsart und Ausbreitungsweise der Ich-Kräfte tief in sich durchschaut, stürzt das alte marode Gebäude, das durch diese Kräfte entstanden ist, allmählich ein.

Zweifel nähren das Sterbliche und verlängern das Leiden. Beende das innere Verhältnis mit deinen Schwächen! Nimm Zuflucht zu den *vorweltlichen* himmlischen Kräften und Stärken, die *du* in alle Ewigkeit hier und jetzt *bist*. Etwas leidet tief in dir unter dem engmaschigen, mühsamen, egozentrischen Gefüge und der damit verbundenen Beschränktheit und Schwere. Dieser ungute Zustand raubt dir Unbeschwertheit, Leichtigkeit, Lebensfreude und verhindert Großzügigkeit und Warmherzigkeit.

Ja, alle Dinge kommen an ihr Ende. Wer sich aber aus starren, selbstsüchtigen Egokräften und Verhaltensmustern ablöst, überwindet dieses vergängliche düstere Gefüge und fließt zurück – in unwandelbare Reinheit und Schönheit, in eine unfassbar herrliche Stille. Das Namen-, Form- und Körperlose ist vorweltlich, es berührt die Erscheinungswelt nie. Dieses vorweltliche So-Sein leuchtet heller als Myriaden Sonnen – ein weißes Licht, ein Glanz, der nicht blendet und für die physischen Sinne nie wahrnehmbar ist. *Ent*decke, was du *nie* warst! *Ent*decke, was *ewig* ist! *Ent*decke das überpersönliche, ichlose So-Sein! *Ent*decke dich selbst!

Sobald du dir deiner lächerlichen egoistischen Verhaltensmuster wirklich bewusst wirst und die Unordnung und Unruhe, die sie in deinem Gehirn und deiner Psyche veranstalten, klar siehst, wirst du diesen nach außen drängenden Kräften konsequent keine Beachtung mehr schenken und sie nicht mehr nähren und beleben. Ein stilles Nach-innen-Lauschen und Loslassen des Nicht-Selbst, ein unaufgeregtes Hineinhorchen in die vorweltlichen Lebenstiefen der Seele öffnet dieses wundersame, unsichtbare Tor ins ewig Ungemachte, Ungewordene,

Ungeformte und Ungeborene, in *das*, was du *ewig* bist und warst.

Weil du in der Welt bist, existiert die Welt in dir und aus dir. Ja, sie ist da, weil dein Körper und deine Psyche auf der Erde weilen. Die Welt wird in einer kaum messbaren Geschwindigkeit in deinem Gehirn durch äußere Impulse und Reflexe im Bewusstsein zusammengefügt und durch ein kollektives Psychogramm getragen und gefestigt. Dieses psychodynamische System, durch das die Welt in deinem Gehirn bewusst erscheint und wieder vergeht, warst du allerdings nie. Diese Abläufe und Prozesse vollziehen sich autonom, und du kannst sie weder steuern noch beeinflussen noch kontrollieren.

Der Körper und die Welt erscheinen gleichzeitig in Raum und Zeit und nie getrennt voneinander oder nacheinander. Sei dir stets bewusst, dass dein wahres Sein vorweltlich ist und du nie das bist, was in Erscheinung tritt. Das Problem ist, dass sich das Bewusstsein unmittelbar mit dem Erscheinenden identifiziert und sich als Körper empfindet und wahrnimmt. So wird Unendliches zu Endlichem und verstrickt und vermischt sich mit allem Wahrgenommenen in der vergänglichen Außenwelt.

Die Außenwelt jedoch ist nichts als eine Spiegelung der Innenwelt im Bewusstsein, und die Innenwelt besteht lediglich aus fest geprägten, hinzugefügten Mustern und angelernten Gewohnheiten. Einerseits scheinen beide wirklich zu existieren, andererseits sind beide unwirklich und haben in der ewigen, ungeformten Wirklichkeit nie existiert. Sei also gewahr, dass *das*, was sich im Bewusstsein spiegelt und präsentiert, *nicht* dein wahres Sein ist.

Du bist eine geheime, ungeformte, unbekannte himmlische Energie, die sich zwar am äußersten Rand des Bewusstseins als Gestalt und Welt offenbart, doch dein wahres Sein nie berührt oder betreten hat.

Warum das so ist? Weil es eben so ist, wie es ist! Die äußere Gestalt kommt und geht. Die geheime, unbekannte, leuchtende Essenz ist ewig, unverändert und rein. Bevor etwas erschien, *warst du*.

Die erschaffenen Körper existieren wie Wasserblasen auf dem Ozean. Sie entstehen und zerplatzen wieder mit allem, was sie erschaffen haben. Sie waren nie mehr als vorübergehend existierende Phänomene, so wie es die Wasserblasen auf der Oberfläche des weiten Ozeans sind. Welten spiegeln sich in der himmlischen Essenz, Welten lösen sich in der himmlischen Essenz wieder auf.

Die geheime himmlische Macht, diese allem innewohnende Intelligenz ist eine schöpferische Macht, die sich im Bewusstsein als Schöpfer und Geschöpf spiegelt und offenbart. Diese heilige, allgegenwärtige Macht schenkt Leben und die irdische Mutter durch sie Geburt.

ABLÖSUNG VOM NICHT-SELBST

Wer bestimmt, was und wie viel wem gehört? Wer bestimmt das Maß, mit dem gemessen wird? Bei diesen Fragen werden unwillkürlich unterschiedliche Denkschemas aktiviert, denn die einfordernden Kräfte des Menschen ringen stets um ihre Vorherrschaft. Wenn es um Gewinnen und Verlieren geht, versteht das Ego keinen Spaß. Hier geht es um Beherrschen und Kontrollieren, um Haben oder Nicht-Haben, um Krieg oder Frieden.

Wer aus einem solch engen und egozentrischen Rahmen die Welt sieht und erlebt, verkennt die Schönheit und den Glanz der wahren inneren Freiheit. Gier ist eine kalte, berechnende Kraft, die das Weltbild des Menschen prägt und zum Ausdruck bringt. Das Innenleben wird im Alltag durch Worte und Taten als Entwurf seiner Gesinnung sichtbar, hörbar und erkennbar. Wahrlich, es ist gut, dass Menschen sich entwickeln. Doch solange sie sich nicht *ent*wickeln, kennen sie ihren ursprünglichen Anfangszustand nicht und verwechseln Unwirkliches mit Wirklichem.

So wie von einem Eisberg nur der kleinste Teil seiner Masse an der Wasseroberfläche sichtbar ist, so bleibt der größte Teil der Gedanken des Menschen in seiner Innenwelt verborgen. Man kann nie wirklich wissen, wer der andere ist und was er fühlt. Vermutlich weiß er es selbst nicht genau, da sich das Alltagsleben mit all seinen Herausforderungen unaufhörlich wandelt und verändert. Das Unbeständige macht den Menschen, der sich ausschließlich am Außen orientiert, selbst unbeständig und unberechenbar.

Das wahre Lebenswerk findet jedoch innen statt, abseits irdischer Unruhen und Schicksalskräfte. Die vorweltliche Freiheit ist kein Mythos und Erwachen kein Hirngespinst.

Wirst du deinen Garten gießen, wenn es wie aus Kübeln regnet? Muss der Fisch Wasser trinken, um den Durst zu löschen, oder kennt er das Durstgefühl nicht? Verliere dich nicht in Höhen und Tiefen! Löse dich ab von dem, was du *nie* warst, und *ent*decke die himmlische Weite des grandiosen Nicht-Seins! Sei frei von allem, was dich umgibt!

Du füllst deinen Verstand mit allerlei Vorstellungen, Ideen und Eindrücken. Bedenke, was immer du auch begehrst und dein Eigen nennst, es existiert nicht getrennt von deinem Verstand, und dein Verstand existiert lediglich aus Vorstellungen und Gedankenkonstruktionen. Die *Vor*stellung von einem Ich und einem Mein ist nichts als ein verirrtes, ausgeklügeltes Konzept, das sich der gierige, nach außen gerichtete Verstand ausgedacht und zurechtgelegt hat.

Du beanspruchst die Welt für dich und möchtest so viel wie nur möglich dein Eigen nennen. Doch was kostet eigentlich die Welt? Lebst du nur, um die äußere Welt zu kaufen, zu besitzen und zu beherrschen? Liegt darin der Sinn deines Lebens? Diese Raffgier, dieses Besitzenwollen, bezieht sich nicht nur auf Güter und Objekte, sondern auch auf alle Körper deiner Familie, die du auch als Mein bezeichnest und verstehst.

So zu leben, so zu sein, dieses ganze Streben, Hoffen und Wollen und die unzähligen zielgerichteten, nach außen gerichteten Ambitionen bewirken ein Gefühl von Kontinuität, das dir behagt. Das Ich orientiert sich stets am Vergangenen und sieht im Vergangenen seine Zukunft. Doch sowohl das Vergangene wie auch das Zukünftige sind an die sterbliche Hülle geknüpft.

Die Spielwiese, auf der sich Vergangenes in Zukünftiges wandelt, ist mit Tränen durchtränkt. Die wechselnden Stimmungen haben wie starke Winde Kummer und Leiden ins Leben geweht. Auch der krampfhafte Versuch, gegebene Lebensbedingungen im Außen zusammenzuhalten, scheitert an der Unbeständigkeit der Dinge. Das Beharrende übersah die Ausgangspforte ins ewige Sein. Das äußere Bemühen und Wirken war und ist unnütz und wirkungslos. Unvollendetes vollendet sich nicht.

Das Empfinden von Zeit und Kontinuität erzeugt das Gefühl, dass alles immer weitergehe, wenn möglich über den Tod hinaus. Dieses verdichtete, starke Empfinden von Kontinuität bildet die Grundlage, auf der der Mensch sein Leben aufbaut. Es geht weiter, immer weiter, aber wohin eigentlich?

Sei innerlich frei, unabhängig von Streben, Hoffen, Wollen, Glauben und der Vorstellung von Kontinuität. Dann öffnet sich der grandiose Raum ins Vorweltliche, wo nie etwas begonnen hat und nie etwas enden wird – deine wahre geistige Heimat. An dieser heiligen Grenze verblassen alle Worte, enden alles Wissen und alle irdischen Erfahrungen.

Was bleibt, ist Gewahrsein und Staunen. Im Mysterium wird das geheime Leben offensichtlich und offenbar. Der Erwachte sieht die Außenwelt als eine Sache, mit der er sich nicht vermischt. Er überschreitet den Grenzfluss zurück in die Zeit nicht mehr.

Ablösen vom Nicht-Selbst besänftigt innere Stürme und stillt den alten Durst. *Es* ist so nah und war nie fern, und doch wird *Es* verkannt und negiert. Vielleicht, weil *Es* dem Ego nichts nützt und nicht gewusst werden kann.

Öffne deine Augen, und erkenne die Schönheit und Wichtigkeit des Abschmelzens und Ablösens! Weile im Wirken, ohne zu handeln! Ich-Kräfte strömen aus einem inneren, unsichtbaren Zentrum hervor und bewirken Ursachen und Wirkungen. Ursachen wandeln sich in Wirkungen, und Wirkungen wandeln sich zu

Ursachen. Was aus diesem inneren Ich-Kern hervorgeht, bestimmt deine Beziehung zu den Mitmenschen und den Dingen, die dich umgeben. Ursachen existieren jedoch nie getrennt von ihren Wirkungen. So wie du bist, erlebst du die Welt, und diese Welt ist *das*, was du in Wirklichkeit *nicht* bist.

Eigentlich lebst du im Kerker deiner egozentrischen Persönlichkeitsstruktur und säst vorwiegend selbstsüchtige Gedanken aus. Gemäß deiner Veranlagung bist du unermüdlich damit beschäftigt, sicherzustellen, dass die Saat wächst, gedeiht und sich vermehrt. Was sich aussät und vermehrt, wird zu gegebener Zeit allerdings wieder weniger werden und schließlich zerstört. Was entsteht, vergeht. Was brauchbar war, wird unnütz. Die egozentrische Aussaat ist wie ein dichtes, undurchschaubares, dorniges Gestrüpp, und die Frucht dieser Aussaat ist wahrlich vergiftet. Sie erzeugt nichts als Leben und Tod und endloses Leiden.

Die Dynamik dieses nach außen gekehrten So-Seins formt und gestaltet das vergängliche Leben des Menschen. Die Grundlagen dieser Ausformungen sind Wünsche, Begierden, Hoffnungen und Leidenschaften, die wiederum die Grundlagen für Enttäuschungen, Schmerz und Leiden bilden. Das Spektrum von Ursachen und Wirkungen scheint endlos groß und vielschichtig zu sein. Es sind diese konfliktgeladenen

Kräfte, die die Gangart des Menschen durch die Zeit leiten und bestimmen.

Du suchst ständig nach Wirkungen, weil du an die Ursachen glaubst und in einem permanenten Rausch nach Wunscherfüllung gefangen bist. Du bist davon überzeugt, dass jeder erfüllte Wunsch dir Zufriedenheit und Befriedigung schenke. Das mag ja sein, doch das Hochgefühl, befriedigt zu sein, ist jeweils nur von kurzer Dauer. In absehbarer Zeit flaut dieser Rausch wieder ab, und die Psyche fällt wieder in eine Art apathische Unzufriedenheit zurück, immer auf der Jagd nach diesem süchtig machenden Rauschgefühl. Tatsächlich ist auf der Erde nichts dauerhaft, auch nicht deine Gefühle und Gedanken, die unermüdlich versuchen, sich im Zeitlichen zu verwirklichen und zu verewigen.

Du glaubst, einen freien Willen zu haben. Ist dem wirklich so? Um eine spezifische Handlung auszulösen, sind viele verschiedene Faktoren im Spiel. Die meisten Handlungen sind von der genetischen Disposition konditioniert, von der Erziehung, den moralischen und ethischen Wertvorstellungen und den Hormonkonzentrationen zwischen den einzelnen Hirnzellen. Nichts geschieht einfach so. Du möchtest eigentlich nur eines: glücklich sein. Das ist natürlich und normal. Du suchst dieses Glücklichsein indes auf der falschen Seite deines Seins, nämlich außerhalb und getrennt von dir, in Körpern,

Objekten und Dingen, die alle vergänglich sind und in jedem Moment zerstört und aufgelöst werden können. Warum bist du nur so überzeugt davon, dass du in vergänglichen Dingen wahres Glück finden kannst? Tatsache ist doch, dass kein einziges Objekt oder Ding in sich Glücklichsein enthält. Du selbst projizierst diese Glücksgefühle in Objekte und Dinge, die du haben und besitzen möchtest. Dieses illusorische Glücklichsein entsteht durch den Wert, den du Objekten und Dingen zuordnest und zugestehst.

Die Quelle allen Wollens ist der Verstand. Beobachtest und analysierst du ihn eingehend, wirst du feststellen, dass es ihn in Wirklichkeit gar nicht gibt. Diese *Ein*sicht, diese Realisation wird dein Wollen relativieren und den Wollenden allmählich verdunsten lassen. Wenn dies geschieht, tritt eine tiefe Ruhe ein. Eine grundlose, dauerhafte Zufriedenheit stellt sich ein, die mit einer äußeren Existenz nichts mehr zu tun hat. Das Nichtwollende und Nichtseiende füllt alle Zwischenräume, die in Wirklichkeit nie existiert hatten.

Höre auf, die Welt in Mein und Dein zu unterteilen und aufzuspalten. Genau diese Aufspaltung prägt und bestimmt deine abgewanderte, nach außen gekehrte psychische Verfassung. Erkenne, wie und wo dein Weltbild in dir entsteht und erzeugt wird. Du wirst feststellen, dass das Ganze nichts als ein überlagertes Gedankenkonstrukt ist, ein hinzugefügter Überbau deiner konditionierten *Vor*stellungen. Warum hast du dich in etwas verirrt, das in dir gar nicht existiert?

Warum klammerst du dich so verbissen an alles, was du dir ausdenkst und vorstellst? Warum bist du so gedankengläubig? Siehst du denn nicht, wie sich das Alltagsleben durch Gedankengebilde und Vorstellungen zusammenfügt und wie sich alles Erdachte und Vorgestellte immer wieder verflüchtigt und in nichts auflöst? Ob du das willst oder nicht, es geschieht.

Dein äußeres Leben besteht aus einer Gedankenflut, durch die eine Gedankenwelt entsteht, in der du verborgen lebst. Dein Leben ist eigentlich nichts anderes als ein bunt zusammengewürfeltes Gedankenspiel. Durch Anschauen dieser überlagerten Gedankenwelt wird klar, dass dem vorweltlichen Sein nichts Willkürliches, Äußeres anhaftet und dass jede Erkenntnis von *etwas* abhängig ist, das getrennt und außerhalb des wahren, ewigen Seins liegt. Wer erwacht, ist gewahr, dass der Erkennende und das Erkannte nicht getrennt voneinander existieren. Zwischen beiden gibt es nirgends eine Grenze oder Lücke.

Das Grenzenlose sucht bestimmt nicht das Begrenzte. Warum sollte es dies tun, und warum suchst du dich selbst, da du ja schon dich selbst bist? Das Begrenzte sucht im Traum den Träumer. Das Unfassbare hingegen lässt sich nicht fassen. Es ist ewig leer und umfasst doch alles.

Handlungen sind ausgeformte und verdichtete Gedanken. Es sind Aktivitäten des Verstandes. Solange der nach außen gekehrte Verstand aktiv ist, herrscht Chaos und Aufspaltung. Der Verstand ermöglicht es, Gedanken zu verstehen und zu analysieren. Du denkst jedoch nicht nur über deine eigenen Gedanken nach, sondern auch über die unzähligen Gedanken anderer Menschen. Der Verstand verarbeitet und analysiert die Worte der anderen. So vermischen sich die eigenen Gedanken mit den Gedanken der anderen. Durch dieses Vermischen entstehen wiederum neue Gedanken, die du dann konsequent als deine eigenen ansiehst, verstehst und in Anspruch nimmst.

Alles, was du denkst, auch die Umgebung, in der du lebst, existieren untrennbar im selben Raum. Du bist dir deiner Gegenwart und der äußeren Welt, in der du funktionierst, bewusst. Dies sind nicht zwei verschiedene Dinge, wie du glaubst. Nichts existiert getrennt. Alles existiert in dir, mit dir und durch dich. Alles, was im Weltenraum existiert, verändert sich unaufhörlich, außer *dem, was du ewig bist.* Was wirklich ist, verändert sich *nie.* Dein wahres Sein ist frei und außerhalb von Raum und Zeit.

Als Ich-Bin erscheinst du in der Welt. Als

Nicht-Ich existiert du außerhalb von Raum und Zeit und berührst die Welt *nie*, obwohl du durch sie existierst. Vollkommen *an*wesend in der Welt und vollkommen *ab*wesend in der Welt, so ist das Sein des Erwachten. Für den Verstand klingt das abwegig und paradox. Er ist ja nicht gewahr, dass er nur Teil einer äußeren Welterscheinung ist und keine eigenständige reale Existenz besitzt. Als Instrument dient er dem Ego und hilft ihm, sein egoistisches Dasein in der Welt zu organisieren.

Du bist ständig damit beschäftigt, Dinge zu verstehen. Was du nicht verstehst, beunruhigt und verunsichert dich. Alles, was du verstehen kannst oder zu verstehen glaubst, versetzt dich dagegen in eine Art Wohlfühlzustand. Was du weißt und verstehst, vermittelt dir ein Empfinden von Sicherheit und Geborgenheit.

Was du verstehen kannst, sind jedoch nur die Gedanken, die dein Verstand selbst produziert. Er beschäftigt sich vorwiegend mit seinen eigenen Produkten, die er als wahr und wirklich existierend betrachtet und verteidigt. Der Verstand ist unermüdlich damit beschäftigt, Namen, Formen und Objekte in Raum und Zeit an ihren Orten zu bestimmen und zu benennen.

Sei tief gewahr, dass alle Körper, alle Namen, alle Formen, alle Objekte und Orte von einer unfassbaren, grenzenlosen Leere überlagert sind. Diese Leere ist *nicht nichts*, sondern die Essenz dessen, was du *wirklich* bist. Körper,

Orte, Formen und alle Namen sind vergänglich. Diese unfassbare Leere hingegen ist *ewig hier und jetzt*.

Alle Gegenstände und Körper sind äußere Dinge und der Raum der Welt der Behälter, in dem sie sich aufhalten und funktionieren. Dein wahres, vorweltliches Hiersein wird von den unzähligen Gegenständen und Körpern, die sich im Raum aufhalten, nicht berührt.

Wer im Außen auf der Suche ist, hält sich irrtümlicherweise für das äußere Ding, das im Bewusstsein als ein Körper erscheint. Er identifiziert sich mit dieser Erscheinung, die er eigentlich nicht ist und nie war. So verstrickt sich Geist, ohne dessen gewahr zu sein, mit dem Vergänglichen. Er wird zu dem, mit dem er sich identifiziert, nämlich einem sterblichen Körper, der leidet.

Dein äußeres So-Sein empfindest du als natürlich und normal und siehst in diesem dreidimensionalen Dasein dein persönliches Leben ablaufen. Wahrlich, es ist ein Traum eines Träumers.

Vereinige dich nicht mit dem Leben und dem Tod! Überschreite die letzte Grenze! Wenn nicht jetzt, wann dann? Dein wahres Hiersein ist gänzlich außerhalb der gegenständlichen Welt und abgelöst von den Dingen und Körpern, die im Bewusstsein erscheinen und vergehen. Identifiziere dich nicht mit *dem*, was im Bewusstsein erscheint! Identifiziere dich nicht mit deinen unstetigen Gedankenbildern, die du innen wahrnimmst und im Außen verdichtest und erlebbar machst!

Das Gleichgewicht, nach dem der Mensch sucht und sich sehnt, liegt in der Erkenntnis und Realisation des nicht wirkenden Wirkens. Lass die Dinge so, wie sie sind! Mische dich nicht ein, denn das Leben lebt sich selbst. Es wäre grundsätzlich alles in Ordnung – in der Ordnung –, wenn du dich von der subjektiv erzeugten Unordnung ablösen würdest. Es ist ratsam, über die Worttiefe dieser Aussage nachzudenken und mit dem inneren Sinn in die eigenen Lebenstiefen zu reisen. Und vergiss nicht: Du bist *das,* was du suchst!

Die Kräfte, die wie ein Sog das Leben ins Außen drängen und die Psyche an die materielle Welt nageln, sind außerordentlich stark und der Weg zurück voller Tücken und Fallen. Die Schwierigkeit, wie wir inzwischen wissen, besteht darin, dass jede Erkenntnis von etwas abhängig ist, das außerhalb von ihr liegt. Doch die Tür zu intuitiver *Ein*sicht und Logik ist immer weit offen und die Wirksamkeit himmlischer Kräfte stets zugänglich. Nichts kann getrennt von dir existieren, da du immer hier und jetzt bist.

Himmlischer Glanz leuchtet durch alle Sinne wie durch offene Fenster und Türen und beleuchtet das gesamte physische und psychische Dasein des Menschen. Trübe Augen vermögen diesen Glanz nicht zu sehen, da sie an die lähmenden Kräfte des äußeren Ich-Bin gebunden sind.

Durch Licht wird alles sichtbar. Dunkelheit entsteht durch die Abwesenheit von Licht und Missverständnisse durch Unklarheit. Verwirrung und Abweichungen entstehen, wenn Bescheidenheit, Achtung, Respekt und Demut verloren gehen und Willkür das Leben des Einzelnen leitet und bestimmt. Durch himmlisches Licht werden diese unguten, äußeren, schattenhaften Schwächen klar sichtbar und lösen sich in dieser himmlischen Helligkeit auf. Dies geschieht, weil es geschieht und nicht, weil jemand da ist, der dies will oder nicht will.

Sowohl das innen Erscheinende wie auch das außen Erscheinende sind nichts als Bewegungen im Bewusstsein, die durch Reflexe und Stimulationen des gestalteten Ich-Bin in Erscheinung treten. Das Innere und das Äußere bedingen und erzeugen einander. Himmlisches Licht ermöglicht es, diesen äußeren Weltentanz endgültig aufzulösen.

Deine Gedanken beschäftigen sich ausschließlich mit Objekten und Dingen, die du nicht bist. Sei stets gewahr, dass du nie *das* sein kannst, worüber du nachdenkst. Deine Vorstellung, der Körper zu sein, begleitet dich durch das ganze Leben bis zum Tod. Aber was ist Tod? Ist Tod nichts als eine Spiegelung im Bewusstsein? Bewusstsein ist das Licht, in dem sich das Vorgestellte spiegelt. Durch das Erscheinen von etwas Geformtem wird sich das Bewusstsein als Bewusstsein bewusst.

In dem Moment, in dem du dein Spiegelbild im Spiegel siehst, hört für dich der Spiegel auf, ein Spiegel zu sein. In dem Moment, in dem du durch die Sinne die Welt wahrnimmst und über das Wahrgenommene nachdenkst, vergisst du, dass du nie das sein kannst, was du wahrnimmst und worüber du nachdenkst. Das Licht der Welt ist *nicht* die Welt, sondern *das, was du bist*, bevor die Welt im Bewusstsein in Erscheinung tritt.

Das, was dessen gewahr ist, befindet sich außerhalb des Gewussten und Gekannten. Es ist reiner Geist, reines himmlisches Licht, Essenz – *das*, was du *ewig* bist, ohne *etwas* zu sein. Dieses Mysterium ist deine geistige Heimat.

Wenn du dir dessen, was jenseits von Namen, Formen und dem Verstand existiert, gewahr wirst, verschwinden in diesem Gewahrsein alle Illusionen und Gedankenkonstruktionen. Sie verflüchtigen sich wie der Rauch eines Feuers. Innen gasförmig und hohl, außen illusorisch und fordernd – so sind die überlagerten Erscheinungen im Bewusstsein.

Das Erdachte erscheint als etwas Seiendes und Konkretes im Bewusstsein und hinterlässt tiefe Spuren im Gedächtnis. Diese Spurenkräfte prägen und bestimmen den Lebensweg und die Weltanschauung des Einzelnen. Gedanken erscheinen aus einer unbekannten Leere und sind in sich leer und hohl. Doch diese Leere ist *nicht nichts,* sondern die Essenz, der Brennstoff, ohne den physisches Leben nicht möglich wäre, so wie Haushaltsgeräte ohne Elektrizität nicht funktionieren könnten.

Die Welt, in der du lebst und existierst, existiert einzig aus deinen Gedanken. Außerhalb deiner erzeugten dualen Gedankenwelt gibt es dich ja nicht. *Das,* was du denkst, ist *das,* woran du glaubst, und das, woran du glaubst, scheint für dich wirklich zu existieren.

Der Verstand ist von sich selbst überzeugt und begeistert, weil es ihm möglich ist, zu verstehen. Ja, er kann Äußerlichkeiten bestens verstehen, doch zum Essenziellen, zu *dem,* was nicht von der Erinnerung getrieben wird, hat der Verstand keinen Zugang. Er kann nur Vergängliches und Sterbliches verstehen und ist seiner überlagerten Scheinexistenz effektiv nicht gewahr.

Gedanken erzeugen die Außenwelt und den Alltag. Auf dieser Spielwiese nehmen sie ihren Platz ein und verteidigen ihn vehement. Das Ich-Bin in der Außenwelt ist nicht das grenzenlose, ewige Selbst.

Sei dir stets bewusst, dass du nie *das* bist, worüber du nachdenkst. Du denkst über einen

Tisch nach, über seine Breite und Höhe und in welches Zimmer du ihn hinstellen möchtest. Doch dieser Tisch, dem du deine Aufmerksamkeit widmest, bist nicht du, und auch der Tisch ist nicht du. Dasselbe gilt für deinen Körper, über den du nachdenkst und der du nicht bist. Die sich bildenden Gedanken sind äußerst dynamische, zielbewusste, schöpferische Kräfte, deren Wirkungen und Auswirkungen man nicht unterschätzen sollte.

Durch die im Außen wahrgenommenen Objekte wird der Verstand aktiv und prüft das Gesehene auf seine Nützlichkeit. Unnützes weckt kein Interesse, also werden dazu keine Aktivitäten im Bewusstsein entzündet.

Beide, das Wollen wie auch das Negieren, sind Absichten und Entscheidungen des Egos, das sich selbstherrlich im Außen bewegt und sich dort positioniert und profiliert. Wer sich selbst erhebt, kehrt sich ins Außen und kommt zu Fall. Innerlich blind irrt er von Tod zu Tod und ist sich dessen kaum bewusst.

Der Mensch orientiert sich allgemein im Außen und handelt in der Außenwelt. Dabei ist er sich der grandiosen Herrlichkeit und Kraft des Wirkens aus dem Nicht-Wirken überhaupt nicht bewusst.

Das Ewige handelt nicht, und doch wandeln Billionen von Lebewesen in Formkörpern in dieser heiligen Kraft und werden durch sie ernährt. Das vorweltliche Mysterium ermöglicht dieses Ernähren. Eine Vermischung mit den Ernährten findet nicht statt. Das eine wird nie das andere, es macht es jedoch möglich.

Die Handlungen, die von den Menschen in der Welt vorgenommen werden, erzeugen die Vorstellung und das Empfinden des Ich-Bin und das Gefühl von Kontinuität. Es entsteht die Idee, dass das Leben ohne Unterbrechung immer weitergehe, möglicherweise gar über den Tod hinaus. Diese Kontinuität wurde durch das Ich-Bin, das in Raum und Zeit erscheint, erzeugt. Sowohl das Ich-Bin wie auch die Vorstellung und das Empfinden von Kontinuität existieren im ewigen Sein *nicht*. Erwache und erkenne, in Hohlheit findest du keine Zuflucht!

Der Verstand mag auf der Außenseite des Bewusstseins im holprigen Alltagsleben wichtig sein. Außer den umherschwirrenden Gedanken im Gehirn, die er ordnet und strukturiert, ist er im Hinblick auf die Ewigkeit unnütz. Du kannst ja, so gesehen, nur *das* verstehen, was du in Wirklichkeit *nicht* bist. Du bist das, was die Bewegungen im Bewusstsein vom Standpunkt des Nicht-Ich aus beobachtet und objektiviert. Ein Einmischen, Vermischen oder Identifizieren findet nicht statt.

Was immer du über die unzähligen Objekte und Dinge in der Welt denkst, sei gewahr, dass du nichts von alledem bist und nichts von alledem du ist oder dich jemals berührt hat. Du bist weder das Denken noch die Gedanken, die du dir über die äußeren Dinge in der Welt machst. Mache dich nicht mit Gedanken zu einem Etwas, zu einem Objekt, das du in Wirklichkeit nie warst. Schnüre dich nicht durch ein enges Denken ein. Dadurch schaufelst du dir dein eigenes Grab und beerdigst dich selbst. Dann bist du der Friedhof, der Totengräber und der Tote im Grab.

Überschreite dein begrenztes, überlagertes Dasein und genieße die Schönheit des abgelösten Nicht-Seins. Wirke, ohne zu handeln, und sei, ohne jemand oder etwas zu sein! Wahre Tiefe stirbt nie, da sie nirgends verwurzelt ist.

In der Gedankenwelt scheinen unendlich viele Einzelwesen zu existieren, doch auch diese Vielheit existiert nur als äußere Wahrnehmung im *einen* Bewusstsein. Durch Festlegung und Benennung von Formen und Dingen mit Namen wird die Eins zur Zwei und die Zwei zu Drei usw. So wird die Vorstellung von Vielem aus dem *einen* Bewusstsein geboren. Das Eine erscheint als Vieles, was es bei genauem Hinsehen jedoch nicht ist.

Die vielen großen und kleinen wahrgenommenen Dinge mit ihren Zuordnungen und Bestimmungen führen nicht über Zeit und Raum hinaus. Das Objekt, das du begreifen kannst, bist du ja nicht. Du bist nicht das, was du dir einbildest.

Objekte erscheinen und verschwinden wieder aus deinem Blickfeld und deinem Bewusstsein, also klammere dich nicht an Dinge, die kommen und gehen. Tauche nicht ab, und kehre dich nicht ins Außen! Identifiziere dich nicht mit Dingen, die du nicht bist!

Solange du in Verkettungen inhaltsloser *Vor*stellungen gefangen bist, wirst du das Leuchten des unvergänglichen Glanzes nicht gewahren können. Dieses Leuchten ist still und leer und trotzdem unermesslich mächtig. Die Schönheit und die Fülle der Welt sind immer da. Der Grenzwächter ist beiseitegetreten und ließ den Erwachten passieren. Er hat die Schicksalskräfte mit ihren belastenden Mühen und Mächten wie einen alten schweren Mantel ausgezogen und geräuschlos fallen gelassen. Die bedrängende Weltenunruhe vermag nicht in den Erwachten einzudringen. Er ist leer und still.

Das Ablegen des Äußeren ist kein physisches oder religiös motiviertes Zurückziehen aus der Welt und gewiss keine mentale, mystifizierte Strategie. Durch *Ein*sicht ins Vorweltliche bricht das Weltliche und Vergängliche ein und löst sich auf. Nur *das,* was du *nicht* bist, kann wegbrechen und sich in nichts auflösen. Was überlagert ist, wird abgelegt – nämlich das, was du dir im Außen vorstellst zu sein und was dich kraftvoll durch Zeit und Raum von Leben zu Leben und von Tod zu Tod mitreißt.

Leider bist du fasziniert, ja geradezu hypnotisiert von den dynamischen, bunten Abläufen in der vergänglichen, sterblichen Welt und vermischst dich mit unheilvollen, nebulösen Bewegungen im Bewusstsein, die durch äußere Einflüsse und Reflexe erzeugt wurden. Deshalb erwache *jetzt*, damit Unwahres und Unwirkliches in dir sterben kann und ein Vermischen nicht mehr stattfindet. Nur solltest du sterben, *bevor* du *physisch tot* bist, damit du klar erkennen kannst, was da stirbt.

Alles, was dein Wissen zu umspannen vermag, wurde durch Willenskräfte und Vorstellungen hochgeladen und dynamisiert. Dieses Wissen bildet die Grundlage, auf der du dein äußeres Leben aufgebaut hast. Dieses Bollwerk kennt keinen Grund, sich selbst abzutun. Das Abtun bringt ja keinen konkreten Gewinn für das persönliche Leben und ist folglich für das Außenleben nutzlos.

Abtun ist keine spirituelle Kosten-Nutzen-Rechnung, kein Tauschhandel, bei dem man etwas Unwichtiges hingibt und als Gegenleistung etwas Wichtiges erhält. Abtun geschieht durch Einsicht und intuitive Logik. Es ist eine Erfahrung ohne einen Erfahrenden, weil eben gerade dieser Erfahrende durch *Ein*sicht relativiert und gelöscht wird. Es ist ein Gewahrsein, in dem weder ein Ich noch ein Du noch ein Spaltungsgedanke jemals existiert haben.

Ewige Stille, unermessliche Herrlichkeit, himmlischer Glanz, leuchtende Essenz – das sind Menschenworte, mit denen man versucht, etwas zu erklären und auszudrücken, was sich in Wirklichkeit nie in Worte kleiden oder erklären lässt.

Der Verstand mag dieses Nicht-Wissen überhaupt nicht, denn er will wissen und verstehen. Er fühlt sich bedroht, belästigt und verängstigt, weil er ahnt, dass dieses Andere, dieses Unbekannte und Undenkbare das Ende seiner Herrschaft und Autorität sein könnte, und setzt alles daran, um dies zu verhindern. Der Verstand ist für das Alltagsleben scheinbar wichtig. Auf dieser Plattform befindet sich sein Reich, hier ist er der König. Wenn der Mensch erwacht, werden sowohl der Wissende wie auch das Gewusste und die äußere Plattform, auf der der Verstand tanzt, relativiert.

Es gibt ein Leben vor dem Tod, und es gibt ein Leben nach dem Tod. Doch wer ist der Wissende, der dies zu wissen glaubt und in diesem Glauben Zuflucht findet? In Wirklichkeit existieren weder ein Vorher noch ein Nachher, kein Oben und kein Unten. Im vorweltlichen Gewahrsein dessen, was du *wirklich* bist, bist du wahrlich *in* der Welt, aber nicht mehr *von* dieser Welt.

Aneignen, Anhäufen und Festklammern an den Dingen der Welt birgt die Gefahr, dass dieses Verhalten, diese Gesinnung, dich selbst zu einem Ding werden lässt. Zu einem Besitzer, der von dem, was er besitzt, gefangen genommen wird. Entdecke, was Objekte in dir zu begehrenswerten Objekten macht und was sie mit dir beziehungsweise deiner psychischen Verfassung machen!

Erstarre nicht im Außen, lebe im Sein und nicht im Schein! Wandle durch die Welt und genieße ihre Schönheit und die herrliche, heilige Kraft, die allem innewohnt! Doch halte dich innerlich nirgends auf, klammere dich an nichts und lasse dich vom Veränderbaren nicht mitreißen! Dinge verändern sich von selbst, also lass sie sich verändern und mische dich nicht in das, was sich von selbst verändert, ein.

Sei ruhig, sei gelassen und unbeeindruckt von dem, was du alles durch die Sinne wahrnimmst und erlebst! Lasse dich nicht von Äußerem ablenken und von bunten Erscheinungen fortreißen! Kehre dich nicht mehr nach außen und lass dich nicht mehr von dir selbst in die Irre führen! Das Richtmaß allen Seins senkt sich nie herab, und der Geist der Tiefe kennt keine Höhen. Also, wo schaust du hin?

Hülle dich nicht in Hartherzigkeit und Lieblosigkeit, denn genau dadurch entsteht die steinharte Egozentrik und mit ihr der steile und rasante Abstieg in die Welt der grauen Schatten, die jegliche Klarsicht verunmöglichen.

Wer einem solchen Verhalten verfällt, öffnet

dunkle Schlünde in sich und auch in der Welt, in der er lebt. Durch dieses So-Sein erzeugt er Leiden und Elend für die Mitmenschen, aber letztlich auch für sich selbst, denn jede Wirkung erzeugt eine Rückwirkung.

Sei nicht so hypnotisiert und fixiert auf das, was du im Außen als Gutes und Schlechtes siehst und erlebst. Alle äußeren Dinge bedingen einander und sind voneinander abhängig. Weile ruhend außerhalb des sich unaufhörlich Wandelnden und Verändernden und sei gewahr, dass du das ewige Innen bist und nie das, was im Außen abläuft.

Wer erwacht, hat kein persönliches Ich mehr und betrachtet seinen Körper und die Welt als sein Nicht-Selbst. Um in die Ewigkeit einzugehen, muss man frei von Geschäftigkeit sein. Der wirklich Erwachte erfreut sich nicht an innerer Freiheit und Glückseligkeit. Er hat eine Grenze überschritten und eine Leere betreten, in der es weder Wärme noch Kälte gibt.

Was spontan aus der Ordnung erscheint, schafft keine Unordnung. Was aus dem persönlichen Ich erscheint, schafft nichts als Unordnung in der Ordnung und erzeugt Verwirrung und Lieblosigkeit in der Welt.

Was geschehen muss, geschieht. Was nicht geschehen muss oder kann, wird nie geschehen. Dies ist kein schaler Fatalismus, sondern erklärt die in sich ruhende, abgelöste Art des Seins des

Erwachten. Nicht wirkend beglückt und durchdringt er die Welt, denn er lebt im Gleichgewicht und in Übereinstimmung mit der großen Ordnung. Dies zu verstehen bedeutet nichts, dies zu realisieren und zu verwirklichen alles. Wer so lebt und verwirklicht hat, lebt in tiefer Stille. Er hat alle Verschiedenheiten und die alten Wege endgültig hinter sich gelassen. Er wandelt über die Erde, ohne Fußspuren zu hinterlassen. Die Zustände, die Leben und Tod erzeugen, berühren den Erwachten nicht mehr. Er ist im Vorweltlichen beheimatet und gefestigt.

Das äußere Leben ist ein Geschenk und kein Besitz. Leben an sich hält sich an nichts in der Welt fest. Wer das reine, ursprüngliche Sein nicht verwirklicht hat, kennt die reine, himmlische Kraft, die allem innewohnt, nicht. Der Erwachte fasst Jahrtausende in sich zusammen, eint sie in sich und vollendet sie im Überschreiten.

Wenn du dich in den Einflüssen der Außenwelt verstrickst, verlierst du dich selbst, ohne dessen gewahr zu sein, und entfernst dich aus dem vorweltlichen Ursprung. Wer im ewigen Sein gefestigt ist, weilt nicht mehr im Außen und ruht in tiefer Stille. Er lebt im Verborgenen ein geheimes Leben in der Welt, das jedoch kein Geheimnis ist. Tritt ein! *Ent*decke *Es*, das wahrlich näher ist als Hände und Füße!

Gedanken und Gefühle, die im Bewusstsein erscheinen, können nicht abgesondert oder getrennt von der *einen* untrennbaren Realität existieren. Das Sichoffenbarende ist Ausdruck des *einen* Mysteriums, das alles umfasst und alles ist, was ist.

Aus dem Nicht-Sein des Nicht-Seienden fließt das Eine hervor. Über das Eine kann man nachdenken, über das Nicht-Seiende nicht. Im Nicht-Seienden existieren weder Name noch Form, und doch ist das Nicht-Seiende die Essenz der Lebendigkeit, die alles ist, was lebendig ist. Lebendigkeit ist nicht etwas, das vor undenklich langer Zeit entstanden ist und in Erscheinung trat. Lebendigkeit ist das Mysterium im Hier und Jetzt. Was im Hier und Jetzt ist, kennt weder Vergangenheit noch Zukunft. *Du bist jetzt!*

Was sich aus dem Hier und Jetzt fortbewegt und nach außen drängt, erzeugt aus sich selbst Leben und Tod und vermischt sich mit den Konzepten. Man erlebt und empfindet sich in dieser Bewegung getrennt vom reinen, universellen Sein als ein individuelles Ich-Bin. Dieser Schattenwurf ist nichts als eine überlagerte Illusion, ein instabiles Nicht-Selbst-Gebilde.

Sei deines Körpers und der Welt im Bewusstsein gewahr, und sei im Gewahrsein gewahr, dass du weder der Körper noch die Welt im Gewahrsein sein kannst. Nie kannst du *das* sein, was du gewahrst. Das Subjekt kann nie das Objekt sein. Du kannst nur dessen gewahr sein, was außerhalb von dir – überlagert – zu existieren scheint.

Alles Erdachte, die ganzen mentalen Konstruktionen bist du nicht. Also klammere dich nicht an *das,* was im Bewusstsein vorübergehend als Körper und Welt erscheint.

Kümmere dich nicht um *das*, was sich selbst bildet. Das Leben lebt sich selbst am besten, wenn man sich nicht einmischt. *Ent*decke, was du durch dein Denken alles erschaffen hast. Sei dir jedoch bewusst, dass du alles erschaffen kannst, nur nicht dich selbst. *Das,* was du *wirklich* bist, war ja schon da, bevor dein Denken aktiv wurde. Die gesamte Gedankenwelt ist das Ergebnis von Ich-Bin, dem Herrscher und Erschaffer der Außenwelt in Raum und Zeit.

Zu behaupten, die Außenwelt existiere nicht, wäre dumm; zu behaupten, die Außenwelt existiere wirklich, wäre noch dümmer.

Es geht nicht darum, durch Meditation das Denken wegzudenken oder zu unterdrücken. Nein, Denken ist ein kostbares Instrument und hat seine Wichtigkeit und Funktion in der Welt, aus der es geboren wurde. Denken an sich stellt nicht das Problem dar. Was der Mensch sich alles ausdenkt, ist dagegen in vieler Hinsicht wirklich problematisch.

Wer erwacht, ist gegen außen abgeschlossen und lebt in himmlischer Stille, abgeschlossen von der Dualität, eingebettet in ewiges Sein. Diese Realisation geschieht ohne jeglichen Kraftaufwand. Sie geschieht, wenn sie geschieht, und löscht, was es zu löschen gibt, so wie der Morgentau in der aufgehenden Sonne auf Gräsern und Blättern sachte verdunstet und aufgelöst wird. Löse dich ganz natürlich vom illusorischen und vergänglichen Nicht-Selbst ab. D*as*, was du suchst, bist du ja schon.

AUF DER SUCHE NACH DEM ICH

Was ist eigentlich Erwachen und wie lebt ein Erwachter in der Welt? Nun, sein Hiersein ist unauffällig und bescheiden. Obwohl er die Welt hinter sich gelassen hat, nimmt er am gesellschaftlichen Leben teil. Er lebt mitten unter den Menschen, und doch kennt ihn niemand. Während die meisten Menschen von ihren Lebensgeschichten unruhig hin und her gerissen werden, ist es in ihm still. Wer im himmlischen Mysterium gefestigt ist, lebt in der Welt, ohne an Vergänglichem anzuhaften. Wer so lebt, schadet niemandem und wird zum Quell der Inspiration. Die Taten des Erwachten hinterlassen keine Spuren. Er prägt sich nicht aus in der Welt und ist frei von Wollen. Er wirkt durch Nicht-Tun.

Wer erwacht, hört auf, nach dem wahren Glück in der Außenwelt zu suchen. *Das,* was sucht und hofft, ist im Erwachten erloschen. Die große Unruhe ist beendet. Nichts mehr eilt hinaus, nichts mehr kehrt zurück. Auch der Drang, etwas oder jemand zu sein, hat sich in nichts aufgelöst. Die unermessliche Kraft, die dem Stillgewordenen innewohnt, wirkt ohne sein Tun und ordnet alles, was aus dem Gleichgewicht geraten ist.

Wer sich selbst wichtig nimmt und sich so ausprägt, schadet allen Lebewesen und sät Lieblosigkeit und Missverständnisse in die Welt. Wer sich so ausprägt, hat das Ursprüngliche aus den Augen verloren. Er taucht ab in Selbstsucht und füllt den Raum mit einem grauen Schleier, der die lichten Wege verdunkelt. Die Konsequenzen eines solchen Verhaltens sollte man nicht unterschätzen, denn jede Auswirkung erzeugt eine Rückwirkung: Wer außen blendet, wird innen blind.

Bescheidenheit und Unauffälligkeit zeugen von einer ausgereiften Seele, die im Nicht-Ich beheimatet ist. Nicht-Ich entsteht *nicht* aus dem äußeren Ich-Bin. Dieses äußere Ich-Bin kehrt auch *nicht* ins Nicht-Ich zurück, so wie ein Schatten nicht ins Sonnenlicht zurückkehren kann.

Wenn der Verstand sich selbst analysiert, findet er nichts. Er ist selbst nur ein gedankenverarbeitendes System, ein Instrument des Bewusstseins, das im physischen Körper funktioniert.

Vorweltliches Gewahrsein hebelt das Relative aus und öffnet das Tor ins himmlische Nicht-Sein. Etwas Unwirkliches löst sich auf. Das Wirkliche ist und war ewig *hier und jetzt*. Nur was nicht wirklich ist, kann sich auflösen. Dessen sollte man sich stets bewusst sein. Das himmlische Sein wird sich nie bemühen, sich selbst zu erklären. Das Nicht-Selbst dagegen versucht das.

Erhebe dich über die dualen Betrachtungsweisen. Sei hellwach und durchschaue *das*, was du *nicht* bist! Klebe nicht an relativen Konzepten und Vorstellungen! Klebe nicht an den Erscheinungen im Bewusstsein und klebe nicht an dem, was kommt und geht! Die Welt wird untergehen, spätestens bei deinem physischen Tod. Der Untergang wird jedoch *das*, was du *wirklich* bist, nie berühren.

Ein Weg existiert dadurch, dass man ihn als Weg erkennt und begeht. Die Dinge existieren dadurch, dass man sie durch die Sinne wahrnimmt, benennt und verstandesmäßig einordnet. Alle Wege und alle Dinge haben auf diese Weise ihr eigenes So-Sein. Alles, was so besteht, kann jedoch nicht aus sich selbst bestehen. Es ist abhängig von etwas anderem. Wege sind davon abhängig, dass man sie als Wege wahrnimmt und beschreitet, Dinge davon, dass man sie als Dinge erkennt, benennt und auf ihre Nützlichkeit prüft.

Wer ist dieser Jemand, der so fest davon überzeugt ist, mit den von ihm erkannten und benannten Dingen und Wegen in Koexistenz zu leben? Dieser Jemand, wer immer er auch sein mag, kann nicht autonom und für sich selbst existieren. Er ist auf die Existenz des Bewusstseins, aus dem er hervorgeht, angewiesen. Ohne Bewusstsein gäbe es diesen Jemand nicht.

Das Bewusstsein wiederum ist auf diesen Jemand angewiesen. Nur durch die Bewusstwerdung der Dinge und Wege ist sich das Bewusstsein als Bewusstsein bewusst. Also kann auch das Bewusstsein nicht autonom existieren. Es ist nicht nur auf Dinge und Wege angewiesen, sondern auch auf die Existenz des reinen Geistes, der dem Bewusstsein sein So-Sein ermöglicht.

Geist ist die Essenz, die Quelle aller Lebendigkeit, das große Mysterium. Geist ist Nicht-Sein, Bewusstsein ist So-Sein. Das äußere So-Sein existiert nur als Phänomen des Geistes im Bewusstsein. Geist ist der himmlische Lebenspender, das ewig unfassbare Mysterium.

Der Erwachte lebt dort, wo die Existenz der Dinge noch nicht begonnen hat und wo Getrenntheit noch nicht in Erscheinung getreten ist; wo es weder Zuneigung noch Abneigung, weder Bejahung noch Verneinung gibt. Wenn das äußere, das begrenzte So-Sein verblasst, wird das Nicht-Sein, das in Menschenworten nicht erklärbar ist, offenbar. Wer erwacht, entfaltet keine Tätigkeiten mehr aus dem Ich, sondern ruht in tiefer Stille und wirkt aus dem Nicht-Wirken. Das Leben fließt am besten, wenn die äußere Ichheit verdunstet ist und keine Hindernisse und Missverständnisse mehr hervorbringen kann.

Gibt es einen Anfang der Welt, gibt es auch etwas, das diesem Anfang voranging, nämlich das Nicht-Sein. Ob nun Nicht-Sein die letzte und absolute Wirklichkeit ist, kann man nicht wissen, da alles, was man wissen kann, relativ und in Raum und Zeit eingegrenzt ist. Transzendenz entzieht sich allem menschlichen Wissen. Die letzte Leere ist und bleibt unergründbar und unfassbar.

Verliere dich nicht in Worten. Dein himmlisches Dasein ist ewig frei von Erklärungen und *vor* den Gedanken, die sich aus dem Bewusstsein ablösen, um sich im Außen zu verankern. Physische und psychologische Begrenzungen werden durch die Naturgesetze in Raum und Zeit festgelegt. Den Ursprung der Naturgesetze, die das menschliche Dasein und das gesamte Universum leiten und prägen, kennen wir nicht. Auch die Grundlage, auf der sich unsere subjektive Wahrnehmung der Welt aufbaut und sie beeinflusst, kennen wir nicht. Die räumlichen Dimensionen, in denen wir leben, werden als wahr, wirklich und beweisbar erlebt und empfunden. Wo etwas Beweisbares existiert, existiert allerdings auch etwas, das sich nicht beweisen lässt.

Wir leben in einer multidimensionalen und multisensoriellen Welt, in der vieles unerklärbar und unfassbar ist, da es die Grenzen des menschlichen Verstandes bei Weitem übersteigt. Ob die grenzenlose Wirklichkeit in den Unterschieden gefunden werden kann, in denen die Subjekt- und Objekt-Beziehungen ablaufen, ist fragwürdig. Wenn es so etwas wie eine absolute Wirklichkeit gibt, existiert diese mit Sicherheit außerhalb des Relativen und jenseits von Worten, Gedanken und Vorstellungen, folglich auch außerhalb des analysierenden Verstandes und des Objekts, das er analysiert. Wer die Wirklichkeit des Nicht-Seins in Gedanken und Worten beweisen will, verliert bald den Mut und die Kraft, seine eigenen Worte und Gedanken zu relativieren und zu überschreiten, und bleibt im Außen, im alten Subjekt-Objekt-Spiel, stecken.

Alle Gedanken und Gefühle im Hinblick auf die Körper in der Welt sind in engmaschige Raum-Zeit-Grenzen eingeschlossen. Wer dort atmen möchte, wo diese Grenzen nicht existieren, fließt hinüber ins grenzenlose himmlische Licht und opfert auf dem heiligen, unsichtbaren Altar sein äußeres Ich. Er begibt sich an die äußersten Grenzen des Fass- und Denkbaren und übergibt dort sein Dasein dem Unerforschbaren und Undenkbaren. Darin findet er Sinn und Erlösung und seine Berufung. Im Erwachten ist kein Verlangen oder Bedürfnis, seine Realisation irgendjemandem in irgendeiner Form erklären oder beweisen zu wollen. Er lebt im großen Gleichgewicht. Er hat Himmel und Erde in sich vereint und aufgehört, etwas oder jemand zu sein.

Kann man in dieser nicht dualen Realisation überhaupt noch von Existenz sprechen, wenn nichts und niemand mehr da ist? Hört man auf zu existieren, oder existiert man ewig weiter? Solche Fragen erscheinen im Bewusstsein, bevor man die letzte Grenze überschritten hat – die letzte Verunsicherung, die letzte Angst. Solche Fragen zeigen sich, bevor man sich endgültig aus der alten Welt verabschiedet hat und vom Gestalt- und Formlosen verschluckt wird. Dieses Nicht-mehr-Sein im All-Sein ist reine Gnade, unfassbare Herrlichkeit. Willkommen zu Hause, im Licht aller Lichter!

Du kannst nicht wissen, was du nicht weißt. Sei gewahr, dass dein ganzes angesammeltes Wissen, das du dir über die weltlichen Dinge angeeignet hast, für die ultimative, nicht duale Realisation nutzlos ist. Es besteht kein Verbindungsglied, kein Weg, der vom Ich zum Nicht-Ich führt.

Leben und Tod verändern sich, die ultimative Nicht-Ich-Realisation nie. Diese Realisation ist nicht eine Realisation von etwas Spezifischem, deshalb kann man sie weder wissen noch wollen noch kennen oder besitzen. Wenn Ich-Bin verschwindet, verschwindet auch die Vorstellung einer äußeren, gestalteten, relativen Welt und auch die überlagerte Vorstellung Ich-Bin.

Wenn der Mensch wach ist, kann er seine Träume deuten. Wenn er träumt, kann er sein Wachsein nicht deuten. Geistige Wachheit ist ein Gewahrsein, in dem die Traumwelt und die Wachwelt als überlagerte Abläufe und Aktivitäten im Bewusstsein erkannt werden. Was diese Welten erschafft, erschafft aus unbekanntem Dunkel, aus Geheimem und Unfassbarem. In der ursprünglichen Keimkraft schlummert dieses Geheime, Unbekannte und Unfassbare. Das Keimende zeugt davon.

Leben geht aus, Leben geht ein. Das geheime Dunkel zeigt sich. Das Dunkel zieht sich zurück und verbirgt sich, und doch ist alles ewig offenbar. Nichts verändert sich in der himmlischen Quelle des ewigen Seins, der Quelle, die nie sprudelt und doch die alles umfassende, alles bestimmende himmlische Kraft in allem offenbarten Leben ist. Fürchte dich nicht vor dem Tod. Dein Körper und dein Verstand sind ja nur zu Besuch im Leben und existieren als bloße Spiegelung des ewigen himmlischen Geistes, der dein wahres Sein ist. Kehre dich nicht mehr nach außen. Genieße die Schönheit und die Stille des ewigen Nicht-Seins!

Wer erwacht und die inneren Grenzen und Begrenzungen überwunden hat, hat den Staub, die Unruhen und das Leiden der äußeren Welt für immer hinter sich gelassen. Wer erwacht, geht nirgendwo hin. Er ist ewig hier und jetzt. An keinem Ort ist der Erwachte beheimatet und trotzdem überall zu Hause. Er zieht Dinge der Welt nicht mehr an sich und stößt Dinge der Welt nicht mehr von sich. Er ruht dort, wo alles nichts ist und nichts alles.

Er ist Kenner des Nicht-Seins und Kenner der großen Stille, obwohl es nichts mehr zu kennen gibt. Er ist des himmlischen, allgegenwärtigen Mysteriums gewahr und ist *das*, dessen er gewahr ist.

Am hellsten ist es dort, wo Sonne, Mond und Sterne *nicht* leuchten, denn sie zeugen nur von einem vergänglichen Licht.

Suche nicht herauszufinden, was du bist. *Ent*decke *das*, was du *nicht* bist, und besiege nicht andere, sondern dich selbst! Besiege deine Täuschungen und überwinde alle Lieblosigkeit! *Ent*decke und erwarte keine Gegenleistung oder Belohnung von *dem*, was du entdeckt hast. Denke nicht, dass du, wenn du etwas Kleines durchschaut und überwunden hast, dafür etwas Großes erhältst. Lass solche unreifen Überlegungen hinter dir und sieh, wie korrupt Ich-Bin wirklich ist. Durch allmähliches Verblassen des Ich-Bin-Konzepts wird eine innere Geschmeidigkeit und Fügsamkeit offenbar, in der altes Illusorisches verdunstet und Ewiges offenbar werden lässt.

Dieser Wandel geschieht still, geräuschlos, kaum merkbar, und doch gigantisch machtvoll und unermesslich schön! Was die Gestalt vergeistigt, weiß man nicht. Dass es geschieht, weiß man und erlebt es tief und umfassend. Wenn wir uns natürlich und vorbehaltlos *dem* zuwenden, das uns vergeistigen will, vollzieht sich diese grandiose Metamorphose von selbst und vergeistigt und verherrlicht das gesamte menschliche Dasein. Sanft, geräuschlos und unermesslich liebevoll vollzieht sich diese unfassbare, unerklärbare, heilige Vergeistigung.

DURCHSCHAUE DEN VERSTAND!

Dein wahres Sein existiert vor jeglicher Bewusstwerdung der Dinge. Das wahre Sein ist *vor* dem Verstand und seiner konsequenten Bestandsaufnahme der Objekte und Dinge in der äußeren Welt. Die Vorstellung Ich-Bin, die im Bewusstsein entzündet wurde, entfachte einen Flächenbrand, der sich rasant in alle Richtungen ausgebreitet hat. Egozentrische Verhaltensmuster erschufen eine Art Gegenwelt, in der Ich-Bin sein Königreich mit eigenen festgelegten Grenzen entwarf. Nur das hohe Licht der Vernunft vermag die erscheinenden Formen und Objekte zu durchschauen und zu überspringen.

Durch die Geburt hast du eine fest geprägte Form erhalten, die dir bis zu ihrem physischen Tod erhalten bleibt. In dieser von deinen Eltern erzeugten Form lebst du, ohne eigentlich genau zu wissen, warum.

Dadurch, dass du dich selbst als dieses physische Ergebnis empfindest, bildet sich der Gedanke Ich-Bin, die Vorstellung Ich-Bin. So nagelt sich die Seele an die äußere Form und taucht ab in die Welt des Todes und der Vergänglichkeit. Mit dem Wort Seele ist nun nicht ein religiöses Etwas gemeint, das nach dem Tod weiterlebt. Vielmehr ist es ein Hinweis auf die Psyche des Menschen, auf seine psychische Verfassung.

Vieles mag hier abstrakt klingen, wie zum Beispiel der Widerspruch zwischen einerseits der Gestalt und andererseits der Formlosigkeit unseres Seins. Oder wie sich Nicht-Sein irrtümlicherweise mit einem physischen Körperprodukt identifiziert und sich im Außen als Nicht-Selbst darstellt. Nicht-Sein bedeutet nicht Nichts-Sein. Das physische Dasein existiert am äußersten Rand des Bewusstseins wie eine Wasserblase auf dem Ozean. Die Wasserblase platzt, der Ozean bleibt gleich und unberührt von diesem Ereignis.

Alles, was erscheint, hat seinen Anfang und sein Ende, außer dem Nicht-Sein, der Heimat des Erwachten. Der Erwachte sieht nirgends einen Anfang und nirgends ein Ende, da er im Vorweltlichen gefestigt ist. Wer erwacht, ist hellwach und verliert sich nicht mehr im Außen. Ein nach innen gekehrter Geist ist in fortwährender Desidentifikation von *dem*, was im Außen sichtbar und erlebbar ist. Desidentifikation hat nichts mit der Abwendung von physischen Objekten zu tun und auch nichts mit einem gewollten einsiedlerischen Lebensstil. Was abfällt, ist *das*, was du *nie* warst. Von daher ergibt sich aus der Desidentifikation weder ein Verlust noch ein Gewinn für das Ich-Bewusstsein. Es verdunstet durch Desidentifikation und verschwindet für immer. Desidentifikation ist eben keine spirituelle Kosten-Nutzen-Rechnung.

Äußerlichkeiten bleiben Äußerlichkeiten, solange der Geist sich nicht konsequent nach innen richtet und den Sinn dieser Umkehr tief erkennt. Gewahrsein hat nichts mit dem Sehen der Außenwelt zu tun, sondern ist eine Schau dessen, was nie innen und außen existiert hat.

Heftige Erschütterungen aus der eigenen Vergangenheit rütteln den Menschen wach, wenn himmlisches Licht in die eng strukturierte Lebensform eindringt. Das Himmlische durchflutet sie, ermöglicht ein frisches, helles Sehen und öffnet grenzenlose Horizonte. Aus dieser Innenschau ergibt sich ein tiefgründiges Unterscheidungsvermögen – der Verstand tritt zurück und macht der intuitiven Vernunft Platz.

Die Flucht nach außen, in die Abgründe der Sterblichkeit und Unwissenheit ist wahrlich eine Tragödie. Diese blinde Energie verliert erst dann ihre Bannkraft, wenn der Mensch aus seinem dumpfen Todesschlaf erwacht. Die wandelbare Gegenwart drängt den Menschen durch das Leben und gaukelt ihm eine Zukunft vor, die es objektiv gar nicht gibt.

Die Weltanschauung des Ich, das in Raum und Zeit in der Welt erscheint, ist im Außen mit dem Außen verknotet und in dieser Verknotung gefangen, so wie ein Fisch im Netz eines Fischers. Der Abgelöste hat die Verknotungen entknotet und das gesamte überlagerte Dasein durchschaut und überschritten. Er ruht in der großen Stille, jenseits der Wach- und der Traumwelt.

Überlagertes warst du *nie*, so wie die Erdschatten nie die Sonne waren. Wer im Nebel wandert, vergisst, dass er aus dem Licht kommt.

Solange du Unwirkliches als Wirkliches ansiehst und in diesem Irrtum stecken bleibst, leidest du. Das Nicht-Selbst ist flüchtig, verändert sich ständig und ist launenhaften Hochs und Tiefs unterworfen. Schaue darum tiefer und entdecke, was sich in dir *nie* verändert und im großen Gleichgewicht ruht!

Halte dich von überflüssigen Worten fern und folge nicht mehr ausschweifenden Gedanken, die dich aus dem Licht in die Dunkelheit treiben! Achte darauf, wo du hindenkst, denn die Gedankensaat verkettet sich und bildet Stränge, die die Seele in Raum und Zeit festzurren.

Ein Erwachen aus einem alten Traum, den ein Träumer einst geträumt hatte, öffnet das Tor ins himmlische Licht. Im Erforschen der eigenen Lebenstiefen entdeckt der Mensch Erstaunliches, nämlich, dass dieses Forschen in eine große Leere mündet. Am Anfang war *etwas*, am Ende ist *nichts* mehr!

Der Verstand möchte aktiv werden und sich über die Natur des Bewusstseins Gedanken machen. Er möchte wissen und verstehen. Doch wie uns inzwischen klar sein sollte, muss doch *etwas* da sein, über das der Verstand nachdenken kann, um es zu analysieren – ein Objekt, ein Körper, die Welt. Über nichts kann er nicht nachdenken und ist deshalb gewillt, alles, was er sich ausdenkt, erfindet und inszeniert, als wirklich und wahr anzunehmen und zu akzeptieren.

Je nach Standpunkt und Betrachtungsweise existieren die äußeren Dinge wirklich oder sie sind nur Produkte der Erscheinungen im Bewusstsein, ohne jegliche autonome Existenz und Wirklichkeit.

Sicher ist, dass die äußere Betrachtungsweise und das menschliche Fühlen stets fehlerhaft sind, weil sich das Fühlen ständig an den Mitmenschen und der äußeren Umgebung orientieren und sich an sie anpassen muss. Da das äußere Leben ständigem Wandel unterworfen ist, wandeln sich auch die Gefühle ständig. Es muss etwas Äußeres vorhanden sein, damit man fühlen kann. Was immer man auch fühlt, ist allerdings grundsätzlich immer verschieden von dem, was man selbst ist. Man braucht merkwürdigerweise etwas *anderes*, um sich *selbst* zu fühlen, und ist überzeugt, dass man sich auf seine eigenen Gefühle verlassen kann – was natürlich nicht stimmt und was man nicht wahrhaben will.

Gefühle erheben den Menschen in höchstes Glück, Momente später können sie ihn aber auch in tiefste Trauer und Leid katapultieren. Wahres Glück findet man nur in der Abwesenheit von Ich-Bin, dort, wo die Brandung der äußeren Welt nie hingelangt. Nur im Nicht-Sein und Nicht-Handeln ist grundloses Glücklichsein möglich. Wenn die alten Samen verbrannt sind und nichts mehr ausgesät wird, dann ist der Mensch wirklich frei. Dann geschieht die große Verschmelzung von Himmel und Erde, das alte Feuer ist für immer erloschen.

ANGESICHTS DES LEBENS

Was du siehst und denkst, ist immer von deinen Erinnerungen beeinflusst und geprägt. Jeder Mensch sieht seine eigene Welt, lebt in seiner eigenen Welt und ist in seinem Sehen, Denken und Fühlen auch immer allein.

Was du dir ausdenkst, wird zu etwas Hinzugefügtem und überlagert deine wahre vorweltliche Natur. Es ist wie eine immer dicker werdende Kruste, wie ein Schatten, der dein wahres, ursprüngliches Sein verdunkelt. Die Welt ist weder gut noch schlecht, sie ist genauso, wie du im Innen denkst und im Außen bist und funktionierst.

Im Vorweltlichen existieren keine Gegenpole, das ewige Sein kennt keine konzeptuell aufgebaute Außenwelt. Die allgegenwärtige, *eine* Kraft in der Mitte lässt im Bewusstsein Bilder und Formen erscheinen und wirkt, trotz ihrer Relativität, allumfassend auf sie ein.

Wer auch immer du glaubst oder dir einbildest zu sein, dieses Gedankengebäude ist nichts als eine verblendete, nach außen gekehrte Vorstellung im Bewusstsein. Warum möchtest du zwanghaft immer jemand oder etwas sein, fürchtest du dich vor dem Nicht-Sein? Ob du es willst oder nicht und ob du dir dessen bewusst bist oder nicht, dein wirkliches Sein ist formlos, gestaltlos und jenseits aller Gedanken und irdischen Gefühle. Ja, du möchtest alles, nur nicht nichts sein, doch du warst nie nichts, nur eben nicht *das*, was du dir vorstellst und glaubst zu sein. Was du glaubst zu sein, wurde durch den Verstand erschaffen und erfunden. Dieses Erfundene überdeckt und verdunkelt dein wahres, unvergängliches Sein.

Die Wege des Wissens haben viel Gutes, aber auch viel Ungutes und Zerstörerisches in die Welt gebracht. Du kannst vieles wissen, nur nicht *das*, was du *wirklich* bist. Das ganze angehäufte Wissen ist vor allem Futter für den Verstand, der unzählige Gedanken verarbeitet und im Gehirn speichert. Wenn du versuchst, den Verstand zu analysieren, wirst du nichts finden. Warum nicht? Weil er bloß eine Funktionalität des Ich-Bewusstseins ist.

Alle Informationen, die durch den Verstand verarbeitet wurden, hinterlassen Spuren im Gedächtnis. Es sind genau diese eingeprägten Energien, die das Leben des Einzelnen und dessen Weltanschauung und Gesinnung leiten und steuern. Wer so an den äußeren Rändern des Bewusstseins im Schatten alter egozentrischer Kräfte wandert, hat vergessen, dass er aus dem Licht kommt.

Obwohl der Verstand bloß phänomenal existiert, empfindet er sich als Ich-Bin. Ich bin dieser Körper, ich bin diese Person, das sind reine Gedankenkonstruktionen, *Ein*bildungen, die durch Identifikation mit dem Körper und der

Welt zustande kamen. Es ist ein Heraustreten aus dem Licht in die Schatten, aus dem Überfluss in den Mangel. Für den Denkenden scheint die Welt um ihn herum wirklich zu existieren, da ja der Körper in seinem eigenen Lebensfeld sichtbar, denkbar und erlebbar ist. Offensichtlich ist der Körper der Dreh- und Angelpunkt, um den sich die gesamte äußere Welt bewegt und evolutionär entfaltet.

Ich-Bin ist das Resultat des arbeitenden Verstandes, der Werkstatt des Egos, und was aus ihm hervorsprießt, stirbt. Der Verstand wirkt wie ein aufflackerndes Feuer im Bewusstsein, das durch Wahrnehmung äußerer Objekte entfacht wird.

Die ganze Welt ist wie das einzige Kind des *einen* allgegenwärtigen Bewusstseins, das sich im Außen als Form und Gestalt spiegelt und durch das Bewusstsein bewusst wahrgenommen wird. So gesehen ist alles, was Form und Gestalt annimmt, allgegenwärtiges, allumfassendes Bewusstsein.

Das Bildhafte und das Körperliche sind Erscheinungen einer höheren Intelligenz im Bewusstsein. Das Bewusstsein ist eigentlich nur Mittel zum Zweck und nicht die letzte Wirklichkeit. Lebewesen werden im Bewusstsein geboren, und Lebewesen sterben im Bewusstsein. Das reine, *ewige* Sein ist formlos, ungeboren, ungeworden und ewig unberührt von allen äußeren, vergänglichen Ereignissen.

Wer die Kernkraft, die Geburt und Tod erzeugt, überwindet, fließt zurück in den Glanz einer grenzenlosen Leere, in die Essenz des großen Mysteriums. Es braucht ein helles, waches inneres Auge, um das gesamte überlagerte Erscheinungsfeld im Bewusstsein zu objektivieren und zu durchschauen. Der Verstand taugt für dieses intuitive Gewahrsein nicht, da er selbst der Architekt dieses überlagerten, nach außen gekehrten, vergänglichen und oberflächlichen Lebensfelds ist.

Wer still im Nicht-Wirken gefestigt ist, beobachtet die Wirksamkeit der Abschiedskraft, in der sich sowohl das innere wie auch das äußere Lebensfeld auflösen. Wer im Nicht-Tun gefestigt ist, wird zu einem Meister der Untätigkeit. Ein Meister der Untätigkeit ist jedoch kein Faulpelz, das Gegenteil ist der Fall.

UNACHTSAMKEIT

Die Brauchbarkeit der Welt fasziniert und begeistert den Menschen, doch das Immer-mehr-Wollen von allem und das permanente Festkrallen an den vielen vergänglichen Dingen zwingt die Psyche in die Beugehaft des Todes. Die Last der vergänglichen Welt bedrückt die Seele, deshalb ist sie ständig auf der Suche nach Fluchtwegen. Sie sucht nach inneren Feinheiten und Möglichkeiten, an die sich das Vergängliche nicht heranwagt. Es sucht dort, wo weder das kühle Mondlicht noch das heiße Sonnenlicht jemals eingedrungen sind.

Erst wenn die alte Maske fällt, wirst du vom himmlischen Licht durchdrungen, das den Körper und dein ganzes Dasein transformiert und von Grund auf erneuert. Erst dann entdeckst du die unsterbliche Kraft, die die Welt nie berührt und findest in ihr Sinn und deine Berufung. Doch da ist nicht jemand oder etwas, das dich persönlich ruft, um dich zu jemand Wichtigem aufzubauen. Nein, je leerer du bist, desto brauchbarer bist du. Was wirklich ist, blendet nie.

Das überlagerte alte Haus wird früher oder später einstürzen. Also verlasse es, bevor du Schaden und gravierende Verletzungen erleidest, und hüte dich vor Unachtsamkeit!

Kehre zu dir, in deinen vorweltlichen Ursprung zurück, es ist der kürzeste Weg in die ewigen Lebenstiefen. Sei gewahr, dass Unwirkliches nie Macht über dich hatte. Wenn du erwachst, wirst du nie wieder von Erscheinungen fortgerissen werden. Was kümmern dich demnach Leben und Tod, Gewinnen und Verlieren, wenn du nicht mehr fortgerissen wirst?

Wer nicht handelt, erzeugt nicht; wer nicht erzeugt, besitzt nicht. Reines himmlisches Licht hat sich nie mit dem Körper und der Welt identifiziert und nie mit vergänglichen Dingen vermischt. Dies geschah irrtümlicherweise, weil du das Ewige mit dem Zeitlichen und Endlichen verwechselt und deine ganze Aufmerksamkeit nach außen gerichtet hast. Die himmlische, fördernde Kraft eilt nie nach außen. Sie wirkt durch Nicht-Wirken und bedeutet Überfluss, frei von Wollen.

Was immer du denkst, siehst, sprichst und tust, um in der Außenwelt zu funktionieren, findet immer in deinem Körper statt, obwohl du dessen vermutlich gar nicht gewahr bist.

Das ewige Sein ist nie das Erscheinende, ohne das ewige Sein gäbe es hingegen keine Erscheinungswelt im Bewusstsein. Durchschaue und überschreite das Erscheinende! Sei gewahr, dass du das Objektivierende der Erscheinungen bist und nie das objektivierte Objekt! Du kannst nie *das* sein, was du objektivierst.

Abweichungen verhindern Klarsicht und erzeugen die Möglichkeit, sich in Unklarheit zu verwurzeln. Dein zeitloses Da-Sein sollte nicht nach außen eilen und die große Stille verlassen.

Sei, was du *ewig* bist! Beobachte in dir ruhend die äußeren Abläufe, und lasse dich nicht von diesen Bewegungen fortreißen. Es gibt keinen Grund, aus dem Licht in die Schatten zu eilen.

Denke nie, dass es schwierig oder gar unmöglich sei, das ewige Sein zu verwirklichen. Das ist unsinnig. Es bedarf natürlich schon einer tiefen inneren Umkehr, durch die die Schau in die eigenen Lebenstiefen möglich und geöffnet wird.

Wer allerdings im Saft der Todesschatten badet und sich mit dem physischen und psychischen Leiden in der Welt abgefunden hat, für den ist Umkehr wohl kaum etwas, mit dem er sich beschäftigen möchte.

Lasse dich nicht von überschäumenden Gedanken und Gefühlen nach außen in die Welt von Leben und Tod mitreißen und von sonderbaren Vorstellungen und Sehnsüchten verführen. Das äußere Universum ist so, wie es ist, und du bist so, wie du bist – todlos, formlos, in himmlisches Licht gebettet.

Das Drängen nach außen ins Wachbewusstsein, um dann im Schlaf wieder zurück ins dunkle Unbewusste zu reisen, zeigt, wie durch dieses Tag- und Nachtspiel die physische und psychische Welt im Wachzustand in Raum und Zeit erscheint und sich dann im Schlaf wieder verflüssigt und in nichts auflöst. Aus der Form ins Formlose, vom Namen ins Namenlose – diesen Rhythmus bestimmt nicht der Mensch, sondern eine übergeordnete kosmische Intelligenz.

Sri Ramakrishna, ein indischer Heiliger, erklärte dies anhand eines wunderbaren bildhaften Beispiels: Wenn man Salz aus dem Meer nimmt und mit diesem eine Statue modelliert, erhält man zwei unterschiedliche Dinge. Einerseits das Meer, andererseits die Salzstatue, die aus dem Meersalz geformt wurde. Legt man nun diese Statue wieder zurück ins Meer, löst sie sich sofort auf und wird wieder zu dem, was sie immer war: Salzwasser. Der Ozean hat nichts von der Entnahme des Salzes bemerkt und keine Kenntnis von der Salzstatue gehabt. Der Ozean hat auch nichts gemerkt oder gespürt, als man die Statue wieder ins Wasser legte und sie sich in ihre ursprüngliche Essenz auflöste.

So wie beim Ozean und der Salzstatue ist es auch mit dem Mensch und dem küstenlosen, ewigen Lichtozean. Ohne den Ozean gäbe es keine Salzstatue, ohne himmlische Essenz kein bewusstes Leben auf der Erde. Etwas muss da sein, damit etwas anderes sein und in Erscheinung treten kann. Dieses Etwas ist das unfassbare Mysterium.

Außerhalb des denkenden und analysierenden Verstandes existiert kein unabhängiges Individuum. Der Verstand bezeugt das, was durch die Sinne wahrnehmbar ist. Er bestimmt und benennt die Formen und Dinge in der Welt und prüft sie gleichzeitig auf ihre Nützlichkeit.

Die konzeptuellen Vorstellungen der Welt existieren ausgelagert und abgetrennt von der grandiosen Stille des heiligen Mysteriums. Das Mysterium ist jedoch nicht etwas Verborgenes oder Unauffindbares, nein, es ist dein wahres, wirkliches, ewiges Sein. Die Unermesslichkeit des ewigen Seins ist nicht etwas Spezifisches, das durch die Zeit wandert. Nicht-Sein kennt weder Ecken noch Kanten und ist kein Ort, an den man hingehen könnte.

Das Problem besteht darin, dass du von allem, was sich dir als etwas Greifbares darstellt, begeistert und fasziniert bist, und du merkst nicht, wie du dich in dieser Faszination verstrickst und verlierst. Du siehst und erlebst dich ja selbst als ein Etwas. Gleichzeitig bist du immer auf der Suche nach etwas anderem, etwas Ergänzendem. Diese Faszination weckt Bedürfnisse und Begehren und entfacht unzählige innere Brandherde. Die Spannkraft zwischen Wollen und Nicht-Wollen, zwischen Gewinnen und Verlieren, zwischen Mein und Dein, zwischen Mann und Frau, diese Spannkraft reißt dich unbarmherzig von deinem ursprünglichen, ewigen Sein weg. Doch diese aggressive Spannkraft, die so viel Unruhe in dein Leben spült, bist du tief gesehen nicht.

Durch das krankhafte ständige Streben nach Dingen, die man haben und besitzen möchte, biegt man, ohne sich dessen wirklich bewusst zu sein, die himmlischen Kräfte um. Man entwirft durch dieses egozentrische Verhalten Schattenwelten und vernebelte Zustände im eigenen

Dasein. Man lebt aus ihnen, und dabei vergisst man, dass man aus dem Licht kommt.

Deine Einstellung zu deinem Hiersein in der Welt ist nicht grundsätzlich schlecht, nur wurde deine Wahrnehmung durch das unermüdliche Wollen von äußeren Dingen und Objekten eingetrübt und unscharf.

Erzwingt man Dinge im Leben, nimmt man Schaden und verliert seine Gelassenheit. Verliert man seine Gelassenheit, wird man krank.

Was sich deinen Augen zeigt, ist von Freud und Leid erfüllt und nimmt dich mit auf eine Reise durch Hochs und Tiefs. Orientiere dich an der einheitlichen Kraft und bleibe in der Mitte, lasse dich nicht von deinem Selbsterhaltungstrieb in die Irre leiten. Vertraue und lasse himmlische Kräfte dein Dasein leiten. Sei gewahr, dass *das*, was du *ewig* bist, auch ewig da ist und dass alles, was du im Außen durch deine Augen siehst und erlebst, das Nicht-Selbst ist. *Das*, was du *wirklich* bist, ist nie das, was du glaubst zu sein.

Nichts kann getrennt vom großen Mysterium, der Quelle aller möglichen Gedanken und Erfahrungen, in Erscheinung treten. Das Ich erscheint aus der Totalität mit allen bewussten Bewegungsabläufen in der Welt, doch im absoluten Einen gibt es kein Zweites. Du bist ja an sich auch nicht Vieles. Du bist das Eine, das sich in den äußeren Erscheinungen einbildet, vieles zu haben, vieles zu erleben und vieles zu wissen. In Wirklichkeit bist du absolutes, untrennbares, unvergängliches Sein und nicht die Hirngespinste, die im Bewusstsein erscheinen und wieder verschwinden. Alles, was du durch den Körper und die Sinne außerhalb deiner selbst wahrnimmst und erlebst, ist nichts als ein vergänglicher Traum eines vergänglichen Träumers.

Zusammen mit dem Ich erscheinen alle Erinnerungen, die das Ich erlebt und geprägt hat. Das Ich selbst hat das Gewebe aller Erinnerungen und Vernetzungen in der Außenwelt gesponnen und orchestriert. Dieses engmaschige Gewebe, bestehend aus unzähligen Bildern, Erinnerungen und Kräften, hat sich wie ein dichter, grauer Schatten vor die Totalität gelegt. Der lichtarme Schattenwurf ist die Lebensgrundlage des Ich-Bin. Ohne Licht gäbe es jedoch keinen Schatten. Licht ist immer, Schatten bloß ein Phänomen, das von der Abwesenheit von Licht zeugt. Inneres Licht ist die Essenz des großen Mysteriums. Wer in ihm erwacht, ist im Vorweltlichen gefestigt und geht den Dingen der Welt weder nach noch entgegen. Das Herz des Erwachten ist still.

Sei gewahr, welche Bedeutung und Wichtigkeit du deinem Körper und der überlagerten Welt zugestehst und was du dir alles ausdenkst und vorstellst zu sein. Letztendlich ist dies nichts anderes als ein trivial inszeniertes Gedankenspiel deines Egos. Gedanken erzeugen Wissen. Dieses ganze gesammelte Wissen ist nichts Beständiges. Es verändert und verschiebt sich stetig und mit ihm auch die konzeptuelle Vorstellung, die du von dir selbst hast.

Im Nicht-Sein gibt es nichts zu wissen, nichts Trennendes, und es finden keine Identifikationen statt. Das ist kein Abstieg in die Verblödung, sondern ein Aufstieg in die Weisheit. Du kannst alles wissen, außer *dem*, was du *ewig* bist.

Wage es, Nicht-Sein und Nicht-Tun zu realisieren, dann fügt sich alles und kehrt in die große Ordnung zurück. Und vergiss nicht: Nicht-Sein bedeutet nicht Nichts-Sein und Nicht-Tun nicht Nichts-Tun!

Wissen ist gewiss nichts Schlechtes. Um in der Welt zu leben und zu funktionieren, muss man einiges wissen, das ist klar. Doch das viele Wissen hat weder Frieden noch Ruhe noch Gleichgewicht noch wahre Zufriedenheit in dein Leben und die Welt gebracht. Wissen ist die Quelle und der unsichtbare Motor, durch den unzählige Missverständnisse, Lieblosigkeiten und korruptes, manipulatives Handeln in Gang gesetzt werden, und Wissen kann auch eine brandgefährliche Waffe sein.

Tatsache ist, dass dein Wissen dein Leben leitet und es bestimmt und gestaltet. Dein gesamtes gesellschaftliches Dasein basiert auf dem, was du weißt oder zu wissen glaubst. Was auch immer du weißt oder zu wissen glaubst, das Gewusste bist du nie, da es hinzugefügt wurde und dein Nicht-Selbst darstellt. Für die Verwirklichung der ungeborenen, himmlischen Wirklichkeit ist das äußere, das relative Wissen unnütz.

Der Erwachte hat seine irdische Natur hinter sich gelassen und sich vom physischen Körper und den Schicksalskräften verabschiedet. Er ist gestorben, bevor er tot ist. Er ist zwar *in* der Welt, aber *nicht* mehr *von* dieser Welt. Persönliches Wissen erlosch, universelle Klarheit und Weisheit erstrahlen im Glanz des heiligen Mysteriums.

Wer zu weit hinausgeht, vergisst, woher er gekommen bist und verstrickt sich im Gewebe der Schicksalskräfte. Halt inne und kehre schleunigst zurück, denn alles, was du außerhalb und getrennt von dir findest, ist nie *das*, was du *wirklich* bist. Ruhe in dir, ruhe im Nicht-Sein und Nicht-Handeln! Alles, was du hast, hat letzlich auch dich, und was dich hat, kerkert dich ein. Erkenne, wie Wissen funktioniert und überschreite das Gewusste. Das stellt keinen Weg in die Verdummung dar, sondern eröffnet eine reine, intuitive Logik, eine Klarsicht, die die Entstehung von Kern und Saat aller Erscheinungen in ihren tiefsten Tiefen zu durchschauen vermag.

Es ist ein reines, feuriges, liebevolles, stilles Sehen, das alles Gesehene transformiert und es vollendet. Niemand ist da, der handelt oder will, und doch wird Krummes geradegebogen und Unordentliches geordnet. Nichts wirkt besser und umfassender als stilles Nicht-Wirken.

Solange du im Körper weilst, wird irdisches Wissen da sein. Wenn du erwachst, wirst du das Wissen dem Wissen überlassen und die Welt und die Dinge so belassen, wie sie sind. Intuition hat nichts mit Wissen zu tun. Intuition durchschaut das Unwirkliche im Wirklichen, ohne sich nach außen zu kehren. Dieses So-Sein nennt man Erwachen.

Nimm dich zurück, damit das Wirkliche sich offenbaren kann. Lebe in der Welt und sei innerlich still und lasse dich nicht mehr durch unnötige Willensaktivitäten nach außen zerren! Das innere Ziel ist kein Ort, auf den man sich ausrichten könnte, und es gibt keine Mitte, die man treffen könnte. Das Ziel besteht darin, ziellos glücklich zu sein, frei von der Innenwelt und frei von der Außenwelt.

Das Leben lebt sich am besten, wenn keine äußere Einmischung und keine innere Vermischung mehr stattfindet.

Was immer du über dein eigenes Leben denkst, dir erhoffst und erwartest, es findet immer innerhalb von Raum und Zeit statt und wird durch den Verstand begrenzt und gebunden. Vergeude deine Zeit nicht, um mit äußeren Dingen in Einklang zu sein. Das funktioniert nicht.

Überschreite die unwirklichen Grenzen in dir, die Grenzen, die dir bis anhin als wirklich und wahr existierend erschienen, da sie die Grundlagen deines äußeren Dasein bildeten. Denke nie, dass dieses Überschreiten schwierig oder gar unmöglich sei! Es sind solche Gedanken, die deine Begrenzungen aufgebaut haben und dich schwächen.

Durch Nachlässigkeit und Unklarheit hast du ein Sehen erschaffen, das ausschließlich nach außen, aufs Vergängliche fokussiert ist – weg von deinem wahren Sein. Das ist eine Tragödie. Weshalb bewegst du dein Herz, um dann mit dem Verstand die Welt zu regieren und zu besitzen? Sammle die Kraft im Grenzenlosen und Namenlosen, und lass deine Gedanken im Außen nicht mehr frei in alle Richtungen umherwandern! Verlasse die Gebiete, in denen Leben und Tod zu Hause sind! Sei in der Welt, aber nicht mehr von der Welt!

In der Einheit existierten nie zwei unterschiedliche Dinge, denn Einheit wurde nie Zweiheit. Einheit war nie gut oder schlecht, nie schön oder hässlich, nie stark oder schwach, nie männlich oder weiblich und weder heute noch morgen.

Beschäftige dich nicht mit Dingen, die außerhalb von dir erscheinen und vergehen. Beschäftige dich mit nichts und wirke aus dem Nicht-Wirken. Dinge kommen und gehen auch ohne dich, und ob du das willst oder nicht. Das Leben lebt sich selbst, auch ohne dein enges Ich-Bewusstsein.

Dehne dich im äußeren Raum nicht mehr aus. Alles, was sich ausdehnen kann, ist nur das Nicht-Selbst. Sei des Wirkens im Nicht-Wirken gewahr und kehre dich nicht mehr nach außen. Genieße die Fülle! Zerschneide sie nicht, indem du nach außen abweichst und dich im Außen orientierst. Dein wirkliches Zuhause ist kein Ort, in den Gedanken eindringen können, und kein Ort, von dem Gedanken ausgehen.

Erhebe dich und lasse alles, was du als unwirklich in deinem Leben durchschaut hast, in dir wegschmelzen. Halte dich nicht an Unwirklichem fest, und beinträchtige dein wahres Hiersein nicht mit unnötigen Gedanken und Handlungen. Sei leicht, losgelöst und unbekümmert, und lasse dich nicht von äußeren Einflüssen mitreißen. Sonst entfremdest du dich dir und vergisst deinen wahren Ursprung. Glaube nicht an Dinge, die du nicht bist, und träume nicht mit offenen Augen. Die Außenwelt hat dir nichts zu bieten außer Leiden und Gebundenheit und Tod. Verliere dich nicht in den Erscheinungen im Bewusstsein. Verliere dich nicht im Nicht-Selbst, in dem, was du *nie* warst.

Das Innerste ist unfassbar, das Äußere Ausdruck des Unfassbaren. Du lebst zwar jetzt in einem Körper, aber ruhe nicht in ihm, ruhe im vorweltlichen, ewigen Sein!

Wer Pläne schmiedet, verplant das Leben und verliert sich in Wünschen und Hoffnungen. Was du *wirklich* bist, hatte nie einen Plan. Du bist kein Plan. Bediene dich nicht an der Welt, sondern fließe mit dem ewigen Sein. Dieses Fließen fließt jedoch nirgends hin. In einer Lebensspanne wandelt sich dein Körper unzählige Male. Es gibt keinen Moment, in dem er nicht altert. Das ist der Lauf der Natur innerhalb der Grenzen von Raum und Zeit, von Geburt und Tod.

Das Alter indes nimmt Hektik aus dem Leben und schafft Ruhe. Der Tod ist eigentlich ein Raum der Stille und Geborgenheit, tief und unergründlich wie das Meer. Fürchte dich nicht vor dem Sterben, sondern *ent*decke das Unwandelbare in dir, bevor du tot bist. Tod und Schicksal sollten dich nicht beunruhigen. Sie unterliegen den Gesetzen der vergänglichen Natur. Öffne dein inneres Auge und schaue tief in *das,* was die Welt *nie* berührt!

Wer überwindet, ist demütig, unbekümmert, freundlich, höflich, respektvoll und zurückhaltend, ohne jedoch etwas zurückzuhalten. Wer erwacht, liebt das Leben, liebt die *eine,* höchste, himmlische Kraft, die alles umarmt und alles ist. Wer erwacht, lebt im Land der Stille, im Nicht-Sein. Wer erwacht, liebt nichts Spezifisches. Er ist selbst die Quelle der himmlischen Liebe.

Das Höchste übersteigt alle Form, und doch erscheint aus diesem Höchsten alles Geformte und Vergängliche. Die Geborgenheit im Höchsten ist auch die Geborgenheit im Geformten. Nichts existiert getrennt von diesem *einen* Höchsten.

Das, was du *ewig* bist, ist nie irgendwohin aus dir verschwunden oder verloren gegangen, sei dessen gewahr!

Alle Menschenkörper, alle Tierkörper und Pflanzenkörper existieren ungetrennt im Höchsten und sind Ausdruck des Höchsten. Das Mysterium ist reiner Geist, deshalb ist alles, was erscheint, geistiger Natur. Wer aus dem Geformten ins Ungeformte, Ungeborene zurückfließt, während er in der physischen Körperform lebt, wird durchdrungen von himmlischem Licht, von himmlischer Kraft und himmlischer Liebe und wird durch reinen Geist vergeistigt.

Geist hat keine konkrete äußere Gestalt und vermischt sich nie mit Gestaltetem, Geborenem und Gewordenem, obwohl er die Essenz in allem und von allem ist. Geist war da, bevor Himmel und Erde erschienen sind. Er ist älter als das Älteste und jünger als das Jüngste. Er ist *das*, was du *ewig* bist.

Wer vollendet, dessen Herz ist leer. Der Vollendete hat das himmlische Werk vollbracht und das äußere Universum endgültig überschritten und hinter sich gelassen.

Wenn der Mensch wirklich offen ist, lösen sich in dieser Offenheit alle Gegensätze auf. Wortlos und still ist es im Erwachten. Er spricht nur noch für die anderen. Sein vollendetes Hiersein ist absolut still. Die letzten Worte wurden ihm von der heiligen Quelle liebevoll abgenommen, als er die letzte Grenze überquerte. Den

Traum einer Vergangenheit, einer Gegenwart und einer Zukunft hat der Erwachte ausgeträumt und hinter sich gelassen, und als er die erdenschweren Energien endgültig überwand, betrat er das unsichtbare Gebiet, wo Zeit nicht existiert.

Ganzheitlich ist der Erwachte der Unwirklichkeit der multisensoriell erscheinenden Vielfalt der Welt im Bewusstsein gewahr. Vielfalt bewegt sich aus Ganzheit wie Wellen auf dem Ozean, deshalb kann Vielfalt nie getrennt oder autonom von der Ganzheit existieren. Der Erwachte beobachtet diese Bewegungen, doch er fließt nicht nach außen und spaltet sich nicht auf. Er bewegt sich nirgendwohin, da er alle Himmelsrichtungen in sich vereinigt hat.

So wie die Wellen Ereignisse des Ozeans und der Elemente sind, sind auch die Welt und die Körper bloß Phänomene und Launen der Natur. Wenn die Vorstellung »Ich bin dieses oder jenes« endgültig gelöscht ist, dann ist Ganzheit realisiert.

Was immer du auch sein möchtest oder bestrebt bist zu werden, all diese damit verbundenen Gedanken und Aktivitäten finden außerhalb deines ewigen Hierseins statt und verdichten sich dort erfolgreich zu deinem illusorischen Nicht-Selbst. Das heißt, du erschaffst mit deinen Gedankenkräften deine eigene Wunschwelt, in der du lebst, und bist fest von ihrer Wirklichkeit überzeugt.

Dieses externe Gedankenkonstrukt, das du als dein Leben bezeichnest und als solches wahrnimmst, bist du hingegen nicht und warst du auch nie. Das ist dir wohl nicht wirklich tiefgreifend bewusst. Das Wissen um einen Gegenstand ist weit entfernt vom Wissenden, und der Wissende ist weit entfernt von der Totalität. In der Totalität gibt es weder einen Wissenden noch etwas, das gewusst werden könnte.

Geburt, Leben, Sterben und der Tod bilden eine äußere Einheit. Die Totalität umfasst und ermöglicht alles, ohne jemals etwas davon zu sein. Wer sich ganz in den Lauf der Dinge einfügt, wird still und frei von der Illusion, als ein autonomes Individuum an einem bestimmten Ort zu existieren. Das Individuum und die Welt verändern sich ständig. *Das,* was du *ewig* bist, verändert sich nie.

Wer erwacht, lebt im großen Gleichgewicht und erlebt tiefen Frieden. Der Erwachte fügt nichts mehr hinzu, weder im Leben noch im Sterben. Frei und unberührt vom Regelwerk der Gegensätze lebt er in *Ein*klang mit allem, was ist.

FORMLOS UND NAMENLOS GLÜCKLICH

In der Liebe zum Gestalteten und Geformten lauern auch Leiden und Angst, denn das Vergängliche schafft Unbehagen für das Ich-Bewusstsein und das Unbekannte und Unvergängliche ebenfalls. Die Vergänglichkeit des Körpers und der Gedanke an seine endgültige Zerstörung durch den Tod stellen so etwas wie eine Blackbox für den Verstand dar und sind zutiefst beunruhigend. Ist der Tod bloß ein Einzelteil des Lebens, dessen Bestandteile beim physischen Ende zersplittern? Und ziehen sich diese Trümmerteile zu gegebener Zeit magnetisch wieder zusammen, um neue Formen zu bilden? Möglich wäre es, denn nichts geht verloren im Universum und alles ist in ständigem Wandel. Das Leben lebt sich selbst am besten, wenn man es nicht durch eigene Vorstellungen beeinflusst und verfärbt.

Gleichmut zeichnet eine ausgereifte Seele aus, ihr Wirken erfüllt die ganze Welt. Der Erwachte nimmt sich zurück und lebt in der Stille des Nicht-Seins. Er geht der Welt nicht entgegen und stößt sie nicht von sich weg. Er lebt wunschlos und planlos im ewigen Sein. Unerschöpflichkeit, Grenzenlosigkeit, Einfachheit und Demut zieren sein Dasein in der Welt.

Alles, was dem Leben hinzugefügt wurde, hat er, ohne zu handeln, zurückgewiesen und losgelassen. Die tiefe Einsicht, dass alle Objekte und Dinge, die im Bewusstsein erscheinen und wahrgenommen werden, nie eine eigene Wirklichkeit besaßen, hat alles, was in seinem Leben hinzugefügt war, weggefegt. Die vorweltliche Kraft blieb. Der illusorische Ausdruck löste sich wie der Rauch eines Feuers in nichts auf.

Sei frei von Begehren, sei frei von den Gesetzen, die dich an den Körper und die Welt binden. Sei eins mit der Erde, sei eins mit der Sonne und allen Sternen am Nachthimmel, sei eins mit allen Lebewesen. Doch binde dich an nichts und niemanden! Sei frei!

Sei still und erlaube den Gedanken nicht mehr, umherzuschweifen und überall anzudocken. Gehe nicht weg aus dem ewigen Sein und verwechsle Erscheinung nicht mit Realität. Es gibt keinen einzigen Grund für dich, in die Täuschung abzutauchen. Bleibe zu Hause in der *einen* Ordnung und versuche nicht, außerhalb von dir im Vergänglichen Ordnung zu schaffen, sonst verstrickst du dich in Konzepten und verlierst dich in allerlei Illusionen. Es ist alles in Ordnung in der ewigen Ordnung. Schaffe darum nicht mit konfusen Gedanken und Vorstellungen Unordnung in der heiligen Ordnung.

Dem Erwachten sind das Drängen in der äußeren Welt und ihre Unruhe abhanden gekommen. Sie sind weggeschmolzen und haben sich in nichts aufgelöst. Alle Erscheinungen, die durch das Bewusstsein hervorgebracht wurden, haben sich gewandelt und sind ins Nicht-Sein zurückgeflossen. So ist das mit dem Leben, so ist das mit dem Tod.

Erkenne, dass nur das, was *etwas* geworden ist, sich in *nicht*s auflösen kann. Ein Nichts kann sich nicht in nichts auflösen. Entdecke dein wahres Sein im Nicht-Sein!

Alle Gedanken sind etwas Gewordenes und beim genaueren Hinschauen nichts als eine launenhafte, unberechenbare Ausdrucksform des Ich-Bin-Konzepts. Schaue genau hin und binde dich nicht mehr an die räumliche, vergängliche Außenwelt. Außer deinem aufgepfropften Nicht-Selbst existiert dort nichts. Bleibe zu Hause in deiner geistigen Heimat im Nicht-Sein, dem grenzenlosen, unantastbaren Hier und Jetzt. Genieße abgelöst die heilige, alles umfassende und alles durchdringende Stille! Genieße *das*, was *vo*r allen Erscheinungen existiert!

Wer erwacht, fügt nichts mehr hinzu. Wer nichts mehr hinzufügt, ist nicht mehr von dieser Welt, aber auch nicht von einer anderen – er ist ewiges Sein.

Was du im Außen siehst, nimmst du innen wahr, und was du im Außen hörst, vernimmst du im Innen. Was du im Außen spürst und fühlst, empfindest du im Innen, und auch was du im Außen riechst und schmeckst, riechst und schmeckst du innen. Die gesamte subtile multisensorielle Wahrnehmung des Äußeren gehört zur psychischen Körperwelt im Innen. Auch dein physischer Tod, der als solcher im Außen als Alterungsprozess erscheint, wird sich letztlich endgültig im Innen, im Unsichtbaren abspielen. Die gesamte äußere physische Welt ist eigentlich nichts als ein Schattenwurf des vorweltlichen Lichts – wirklich und gleichzeitig unwirklich.

Alles, was entsteht, entwickelt sich in eine spezifische Richtung und verdichtet sich zu einer sichtbaren und erlebbaren Außenwelt, die zu deinem Zuhause wird. In ihm entwickelst du dich und prägst dich großflächig aus. Sei gewahr, dass der gesamten Innen- und Außenwelt eine unermesslich heilige Kraft zugrunde liegt, eine alles umfassende Essenz, eine reine, immanente Intelligenz aus dem Urgrund allen Seins. Wer leuchtend und still in dieser *einen* heiligen Kraft, die alles umfasst, ruht, den wird Zweiheit nie mehr berühren und Leben und Tod werden sich nicht an ihn heranwagen.

Ewiges Sein ist frei von Gedanken und kann ohne die Gedankenwelt existieren. Die Gedankenwelt kann hingegen ohne das ewige Sein nicht bestehen. Ewiges Sein ist nicht individuell, sondern universell. Ewiges Sein erscheint im Bewusstsein des Menschen als Vielfalt, die sich in ihrer geistigen Ausdrucksform als Körper und Welt darstellt. In dieser erscheinenden Vielfalt empfindet sich der Mensch als einer unter vielen und agiert als einer unter vielen in der Welt. Er sieht das Viele im Einen, aber nicht das Eine im Vielen. Wer im Einen gefestigt ist, durchwirkt Himmel und Erde, ohne sich zu regen.

Verliere dich nicht in Ereignissen und erkenne, dass du weder in Ursachen noch in ihren Wirkungen Glück und Zufriedenheit finden wirst. Im Gegenteil, Ursachen und Wirkungen reißen dich weg aus dem ursprünglichen Sein und zwingen dich, auf der Straße des Todes zu wandeln. Deshalb kehre dich nicht mehr ins Außen und füge nichts mehr hinzu. Das äußere Leben ist eine dynamische Bewegung des arbeitenden Verstandes, der bildhafte Geschichten entwirft und diese unterhält. Wenn nötig, ist er bereit, diese Geschichten, die er als wirklich und wahr empfindet, vehement zu verteidigen.

Erwachen bedeutet, diese Geschichten und das hervortretende Individuum in diesen Geschichten zu durchschauen und zu erkennen, wie sich das Individuum an diesen Geschichtsentwürfen festklammert. Entlarve, was du *nicht* bist! Verschiebe dein Leben nicht mehr nach außen. Beeinflusse nichts und schenke dem Leben die Möglichkeit, sich selbst zu leben.

Man kann unendlich viel in der Außenwelt tun, erreichen und besitzen. Solange man nicht aus der Fülle des Nicht-Seins und Nicht-Handelns lebt, ist indes alles, was man hat und tut, leer und bedeutungslos.

Besitz ist das, was dich besitzt, und was dich besitzt, entfacht das Feuer von immer mehr haben und besitzen wollen. Diese Gierkraft reißt den Menschen in die Verblendung, in die unsichtbaren Schlünde der Egozentrik. Ein solch rohes Verhalten stemmt sich gegen die intuitiven Regeln der Vernunft und wahrer Menschenliebe, die Ausdruck des geheimen Mysteriums sind, das allen immer zugänglich ist.

Es geht nicht darum, nichts zu besitzen und arm zu sein, sondern um äußerste Achtsamkeit, damit nichts von all dem Äußeren dich innen besitzt. Nichts, auch nicht dein physischer Körper soll dich besitzen und deine Psyche einkerkern und in Beschlag nehmen. Was dich im Außen in Beschlag nimmt, nagelt dich im Innen fest – an das Nagelbrett des Egos. Klammere dich an nichts. Alles, an das du dich klammerst, lässt dich nicht mehr los und macht dich schwer. Was dich schwer macht, reißt dich weg vom natürlichen Hiersein.

Wer sein Denkorgan bloß für das Aneignen von äußeren Dingen benutzt, blockiert sein Leben und wandert durch seine eigene Verblendung. Wenn ein Mensch seinen Mund öffnet, um Menschen mit seinen Worten zu täuschen und zu manipulieren, um seine Habgier und Raffgier zu befriedigen, hat er sich von der Menschlichkeit, Weitherzigkeit, Güte und der spirituellen Klarheit verabschiedet. Das Gesetz der Fülle ist ihm unbekannt.

Das Innenleben eines solchen Menschen ist verdunkelt, beschädigt und vergiftet. Das Schlimme daran ist, dass er sich dessen vielleicht nicht einmal bewusst ist. Solch ein Verhalten zeigt, was das Leben kompliziert, schwer und lieblos macht, und beleuchtet, wie Selbstsucht Gelassenheit und Lebensqualität rauben kann. Das Äußere ist ein Echo des Inneren. Daran, wie sich ein Mensch in der Außenwelt darstellt und verhält, erkennt man, wie sein Innenleben ist.

Alle Lebewesen der Welt werden vom himmlischen Licht, das die Erde trägt, durchflutet und genährt. Doch Geist fing im Offenbarten an zu träumen und verstrickte sich im Geträumten. Deshalb vibriert der Durst nach Umkehr und Erwachen in den Seelen der Menschen. Geist möchte aus dem Geträumten erwachen, sich selbst erkennen und Sterbliches und Vergängliches von sich abschütteln.

Niemand ist perfekt. Um spirituelle Perfektion geht es hier jedoch auch nicht, sondern um Erwachen – Erwachen aus der selbst konstruierten, nach außen gekehrten Scheinwelt, dem Abtun des Nicht-Selbst.

Gewiss, das Alltagsleben ist nicht einfach, vor allem dann nicht, wenn man es sich selbst unnötig schwer macht. Sei innerlich leicht wie eine Feder und nicht schwer wie Blei! Schütte dein Leben nicht mit unnötigem Ballast zu! Wer in Einklang mit dem Irdischen und dem Himmlischen lebt, ist im Vorweltlichen gefestigt und setzt Äußerlichkeiten nicht mehr in Gang. Wende dich ab von der rohen Kraft, die dein Herz gefangen nimmt und quält. Benimm dich nicht wie ein Sträfling der Welt, denn dein wahres Sein ist ewig frei. Wandel ermöglicht Wandlung. Lasse sie zu und blockiere sie nicht!

Du beschäftigst dich und wirst beschäftigt. Du willst gewinnen und nicht verlieren. Du erlebst Freuden und Hochgefühle, aber auch Verletzung, Verzweiflung und Leiden. In diesem Lebensrausch vergisst du die Unwirklichkeit dieser Abläufe, die sich in deinem Bewusstsein eingenistet haben und dir vorgaukeln, wirklich zu existieren. Du bist vom Unwirklichen und Vergänglichen zutiefst fasziniert, weil dir das Unwirkliche zwingend als wirklich existierend erscheint und du das auch so tief in dir empfindest.

Du lässt dich unbewusst von deinen eigenen Illusionen knechten und bist dir dessen kaum bewusst. Du orientierst dich vor allem an deinem Wissen und den verschiedenen intellektuellen Spitzfindigkeiten, die dir helfen, dein Alltagsleben zu organisieren und zu stabilisieren. *Das, was ist*, bevor etwas im Bewusstsein entsteht, interessiert die meisten Menschen kaum. Vielleicht als philosophisches, oberflächliches Gedankenspiel, das dem Zeitvertreib dient, denn ihr Augenmerk ist vor allem auf die äußeren Wirkungen gerichtet, auf Geformtes, Gewordenes, Sichtbares und Erlebbares. Sie glauben an Vergängliches, analysieren Vergängliches und suchen in Vergänglichem Erfüllung, Glück und Zufriedenheit – und das ist ziemlich absurd!

Du bist getrieben von etwas, das du *nicht* bist, und bist in diesem nach außen gekehrten Wahn irrtümlicherweise davon überzeugt, dass du *das* bist, was stirbt und vergänglich ist. Dieses Missverständnis raubt dem Leben seine Schönheit und Unbeschwertheit und erfüllt den Menschen mit diffusen Ängsten und Verunsicherungen. Das Leben ist lebenswert, wenn man sich nicht in ihm verliert und verstrickt.

Versuche nicht, die Außenwelt zu besitzen und zu kontrollieren. Sie gehört dir wirklich nicht. Besitzansprüche für irreale vergängliche Dinge führen in Abhängigkeit und düstere Monotonie. Die Seele tanzt mit verwegenen Weltenkräften und verliert sich in den Umarmungen von Leben und Tod.

Lasse dich nicht von dem besitzen, was du zu besitzen glaubst. Erhebe dich und lasse den Getäuschten mit seinen Täuschungen endgültig los – wenn nicht jetzt, wann dann? Das Leben ist ein vergänglicher Traum, es muss aber kein Albtraum sein. Sei gewahr, dass dein natürlicher Zustand Nicht-Sein ist und dass dieses reine Gewahrsein nichts mit der erscheinenden Außenwelt, in der dein Ich vibriert, zu tun hat.

Reines Gewahrsein berührt die Welt nie. Es durchschaut das gesamte Feld des Nicht-Selbst und bewirkt dadurch sein sukzessives Dahinschmelzen. Das geschieht nicht als willentliche Hauruck-Aktion, sondern bedeutet ein feines, allmähliches Zurückfließen in eine zeitlose, unergründliche Stille und Freude.

Das universelle Bewusstsein ist form- und körperlos, doch in ihm spiegeln sich Welten, Körper und Formen. So wie Bäume, Sträucher und Berge sich in einer klaren Vollmondnacht in einem stillen Bergsee spiegeln, so spiegelt sich die Welt im universellen Bewusstsein. Der Mond wird von der Sonne erhellt, das Bewusstsein vom Geist. Wenn du erwachst, wirst du die Schwelle der Spiegelungen überschreiten und dich nicht mehr in Spiegelbildern verstricken. Gewahre ihre Unwirklichkeit!

Dort, wo du im Geist hingehen willst, bist du schon – bevor du dich auf die Reise gemacht hast. Du suchst dich selbst außerhalb von dir und hoffst, dich dort zu finden und zu verwirklichen. Doch das, was du verstehen kannst, bezieht sich immer auf etwas Äußeres, auf etwas, das du in tiefstem Sinn nie warst. Natürlich ist Wissen für das Leben in der Gesellschaft und im Alltag wichtig, Für die Realisation und Verwirklichung der Totalität ist dieses Wissen hingegen wertlos. Du kannst alles wissen, nur dich selbst nicht!

Alles, was du gelernt und verstanden hast, ist in Bezug auf das zeitlose Sein wert- und bedeutungslos. Das Zeitlose kann weder verstanden noch gewusst werden. Wo es nichts zu wissen gibt, gibt es auch nichts zu verstehen.

Wer erwacht, lebt in Übereinstimmung und Harmonie mit dem ewigen Sein, dem ewigen Nicht-Sein, der grenzenlosen, unerklärbaren, himmlischen Stille. Der leere Schein der Dinge vermag das Auge des Erwachten nicht mehr zu verführen, zu blenden und zu trüben. Er genießt das formlose Sein in der Form und die Stille vor allem Geformten und Gewordenen.

Schau scharf und genau hin und werde dir bewusst, dass der größte Teil deiner angeeigneten Erkenntnisse nichts als illusionäre Konzepte, Vorstellungen und Ideen sind, die auf der Vorstellung, die du von dir selbst als Ich-Bin hast, basieren. Diese Vorstellungen bestehen aus konditionierten Gedankenkonstruktionen, die sich aus moralischen, religiösen und ethisch festgelegten und regulierten Überlegungen zusammenfügen. Die Einflüsse dieser regulierten Konzepte bestimmen weitgehend das Leben der Menschen und variieren gemäß ihren kulturellen Gepflogenheiten und den unterschiedlichen Gesellschaftsformen, in denen sie leben.

Wer von der Welt frei sein will, sollte auf die energetischen und hypnotischen Einflüsse, die vom Besitz von Objekten und Körpern ausgehen, achtgeben.

Vor allem darauf, wie die Rückwirkungen und Auswirkungen von Besitzansprüchen die Psyche des Menschen beschädigen und korrumpieren können. Das Äußere korrumpiert und vergiftet das Innere, und das Innere korrumpiert und vergiftet das Äußere. Wer in den Wechselwirkungen von Mein und Dein, von Haben und Verlieren stecken bleibt, für den ist das Überwinden der Welt nicht mehr als eine fade, unbrauchbare Theorie. Es geht nicht um religiöses Entsagen oder ein gewolltes Leben in Armut und so weiter, sondern um eine tiefe, umfassende Klarsicht dessen, was ein Festkrallen an Gütern und Körpern mit der Psyche des Menschen anstellt.

Wer überwindet, lässt alles zurück, ohne etwas zu verlieren, und ist gierlos glücklich. Wer so lebt, weicht nicht mehr ab und kehrt sich nicht mehr nach außen. Das Auge und das Herz des Erwachten ruhen im reinen Licht, im Licht, das die irdischen Augen nie sehen können.

Wer in Übereinstimmung mit der Welt und der Natur in der Totalität lebt, lebt in Heiterkeit, Gelassenheit und Ungezwungenheit. Er kennt das Geheimnis des Geschehenlassens und ist ein Meister der Untätigkeit.

JENSEITS DER UNTERSCHIEDE

Der Gedanke, ich bin Frau oder Herr so und so und lebe in einer bestimmten Stadt, in einer bestimmen Straße, in einem bestimmten Land, ist im Grunde nur eine Vorstellung, geboren aus der konzeptuellen Ich-Bin-Idee. Alles, was mit dem Ich-bin-Gedanken einhergeht, wird zu einer zerfaserten, unstetigen Lebensgeschichte, in der sich Ich-Bin selbst begegnet. Solche engen und starren Vorstellungen drängen den Menschen in eine unglückliche Ecke in seinem kosmischen Sein. Lege dieses schwere Gepäck ab!

Du identifizierst dich unablässig mit deinem Körper und allen Objekten, die mit ihm im selben Raum erscheinen. Alles, was für dich wahrnehmbar ist, empfindest du als wahr und wirklich existierend. Das Paradoxe daran ist: Die Welt existiert und existiert gleichzeitig nicht. Meister Jesus hat dies mit folgenden Worten verkündet: Ich bin *in* der Welt, aber nicht *von* dieser Welt.

Alles, was aus dir entsteht, ist vergänglich und mit Sicherheit nicht ewig. Alles Sichtbare und Erkennbare wurde von außen nach innen an dein Ich gehängt wie schwere Kleider an eine unsichtbare Garderobe. Es wurde hinzugefügt. Alles, was aus dir entstanden ist und hinzugefügt wurde, wird von dir abfallen, sobald du den schweren Ballast und seine Herkunft durchschaust. Sei frei von der Welt, frei von allem Entstandenen, frei von allem erkennbar Hinzugefügten! Nichts von dem, was für dich im Außen erkennbar ist, bist du. Du leidest unter *dem*, was du *nicht* bist, da du dich mit *dem,* was du *nie* warst, im Außen verknotet hast.

Alles, was im Außen offenbar wird, hat keine eigenständige Existenz. Es ist Ausdruck des *einen* universellen Bewusstseins, so wie ein Fußabdruck im Sand.

Dein äußeres Leben hat im Grunde nie wirklich stattgefunden, da es nur aus eingebildeten Ideen, Zuständen und Konzepten, die das Denkorgan erfunden und erzeugt hat, besteht. Unermüdlich erschafft das Denkorgan fortlaufend neue Vorstellungen, Konzepte und Ideen, das ist seine dynamische Funktionalität. Eigentlich sollten wir den Sprung über das Denken hinauswagen, wenn wir das Zeit- und Todlose berühren und verwirklichen wollen, denn erst dann atmet der Mensch in herrlichen, grenzenlosen Tiefen und entdeckt sein ewiges Sein.

Der Denker jedoch glaubt an seine Gedanken und daran, was diese in Zeit und Raum zu erzeugen und im Außen darzustellen vermögen. Du lebst in einer Welt, die übervoll von Ideen und Konzepten ist, die du als wirklich und wahr empfindest und annimmst. Woher weißt du all das, was du weißt, und warum bist du so sicher und überzeugt davon, dass das, was du dir ausdenkst und vorstellst, wirklich und wahr ist?

Weder dein Körper noch dein Körperbewusstsein sind substanziell *das*, was du *ewig* bist. Sie sind an dir entstanden und fallen zu gegebener Zeit wieder von dir ab. Sich dieser überlagerten Illusion zu entledigen, nennt man Erwachen. Dieses Erwachen bewirkt ein Einschmelzen in die Totalität des Nicht-Seins. Das innere Universum schickt seinen Atem aus und durchdringt den ganzen Raum. Atmen wir mit dem Universum und nicht nur begrenzt durch den physischen Körper!

Menschen streben nach Wissen, niemand strebt nach Nicht-Wissen. Wer ist dieser Wissende, der alles wissen möchte, und woher kommt diese strebende und treibende Kraft, die den Menschen linear durch Zeit und Raum fortbewegt und mitnimmt?

Man hat den Menschen eingeredet, dass Wissen Macht sei, und sie haben herausgefunden, dass dies tatsächlich so ist. Wissen wird oft als eine perfide Waffe eingesetzt, um Menschen zu manipulieren und ihnen Schaden zuzufügen. Wie wirklich und wahr sind die ganzen im Gehirn gespeicherten Informationen und die aus diesem Wissen geformten und erlernten Mechanismen? Macht viel zu wissen tatsächlich glücklich und wenig zu wissen eher unglücklich?

Fische nicht im Trüben und fische nicht im Klaren. Entdecke das vorweltliche Sein, das du *ewig* bist. Alles, was in dir entsteht, fördert vor allem Leiden und Verwirrung. Das Regelwerk des Wissens schafft oft viel Unruhe in der Welt, und Unruhe raubt dem Menschen Lebenskraft und Gelassenheit. Es vermehrt die Verwirrung. Sei lieber weise und nicht wissend! Sich im Nicht-Sein und Nicht-Handeln wohlzufühlen und grundlos glücklich zu sein, dies ist der Welt fremd. Natürlich ist für die Gesamtentwicklung der Menschheit die Vermehrung von Wissen wichtig und notwendig, doch die düsteren Nebenwirkungen erwürgen Menschlichkeit und Empathie.

Die Steigerung der Wissenskraft führt Menschen in die Welt des Willens und Wollens und nicht in die Transzendenz. Unruhige Wissens- und Denkkräfte stören den sanften und natürlichen Lauf des Lebens, da das Gehirn ständig aktiv ist und immer neue Konzepte und Vorstellungen entwirft. Das Gefühl, als jemand Spezifisches in der Welt anwesend zu sein, behagt dir. Mit diesem Etwas kannst du dich identifizieren und lernst, dich in der Welt zu behaupten. Solange du dich mit dem Körper und der Welt identifizierst, wirst du das Mysterium der Totalität gewiss nicht realisieren. Zeitliches wird nie Ewiges.

Nur das personifizierte Ich erscheint in der Welt und nicht *das,* was du *ewig* bist. Sei dessen tief gewahr! *Das*, was du *ewig* bist, kannst du weder sehen noch denken noch verstehen – und doch existierst du und bist hier und jetzt.

Über die absolute Einheit könntest du gar nicht versuchen nachzudenken, wenn sie nicht Grundlage deines Seins wäre. Das Problem dabei ist, dass du in dem Moment, in dem du über Einheit nachdenkst, dich aus ihr entfernst und abspaltest und unmittelbar Konzepte und *Vor*stellungen zu erzeugen beginnst. Das verdeutlicht die folgende kleine Geschichte: Du bist bei dir zu Hause und rufst verzweifelt mehrere Freunde an und bittest sie, ob sie dir den Weg zurück nach Hause erklären könnten, du hättest dich verlaufen. Sie fragen dich: »Von wo rufst du uns an?«, und du antwortest erstaunt: »Natürlich von zu Hause aus.«

Ein Fluss fließt nur in eine Richtung. Sein sauberes Wasser löscht den Durst und schenkt unzähligen Lebewesen Leben. Du bist doch schon zu Hause im Fluss, zu Hause in der ursprünglichen heiligen Quelle. Wo willst du denn eigentlich immer hin?

Du möchtest herausfinden, ob Nicht-Sein vielleicht etwas ist, mit dem du dich identifizieren könntest, denn du möchtest alles, nur nicht *nichts* sein. Du kannst Licht sehen und über Licht nachdenken, weil du selbst Licht bist. Doch es muss *etwas* da sein, damit dieses Andere objektiviert werden kann. Das Objekt kann sich ja nicht selbst objektivieren. Dieses Andere existiert überlagert wie eine Wasserblase auf dem Ozean. Gleichermaßen existiert die

Welt überlagert auf einer formlosen, unerklärbaren, geheimnisvollen Essenz. Leben und Tod liegen auf einer Linie, die den Erwachten nicht berührt, da er in diese geheimnisvolle Essenz hineingetaucht ist.

INNERE UNRUHE – ÄUSSERES CHAOS

Ja, viele Wege führen nach Rom, aber keiner in die Ewigkeit. Darum bleibt der Weise still und unaufgeregt in sich ruhend. Er weiß, dass er nichts weiß, und lebt bescheiden und unauffällig in der Welt. Er bleibt im Innen, im Vorweltlichen und kehrt sich nicht mehr nach außen. Innen zu bleiben bedeutet jedoch nicht, nicht mehr am alltäglichen Leben teilzunehmen. Es deutet auf eine überpersönliche Intensität hin, auf eine grenzenlose, tiefe Stille, in der nie etwas vorgefallen ist. Seinlassen und Ordnen im Nicht-Tun, so ist das Dasein des Weisen. Im inneren himmlischen Leuchten werden die im Laufe des Lebens summarisch hinzugefügten Konzepte und Vorstellungen allmählich gelöscht und entmystifiziert.

Wer in der Gesellschaft lebt, ist gewiss kein Einsiedler. Das ist auch nicht nötig, um Kenntnis der höchsten Wirklichkeit zu erlangen. Jeder Mensch kann erwachen, und wer wirklich erwacht, schläft nie mehr ein.

Durch das ständige Etwas-Wollen wird der Mensch unruhig und unzufrieden. Er verliert sich in Lust, Gier, Missgunst, Ehrgeiz und Eifersucht und verliert sein Gleichgewicht. Es kann doch wahrlich nicht der Sinn des Lebens sein, ein Leben lang vergänglichen Objekten und Körpern nachzurennen! Ein solches Verhalten macht den Geist des Menschen langfristig stumpf und unzufrieden. Wer unzufrieden ist, schadet sich selbst, schadet den Mitmenschen und der Naturordnung, in die er eingebettet ist. Der unersättliche Durst nach Objekten und Körpern kettet den Menschen an Leben und Tod und hält ihn in den Grabkammern des Leidens gefangen. Wer so lebt, hat sich aus der Harmonie des wahren Seins entfernt.

Wer sich an vergänglichen Dingen festklammert und sie als Mein an sich zu binden versucht, lebt in der Verirrung und wird unter Umständen bösartig und gewalttätig. Tatsächlich bedeutet eine solche Verblendung nicht nur für diesen Menschen ein Problem, sondern auch für die Mitmenschen. Wer sich mit Äußerem und Vergänglichem bindet und verbindet, dem fehlt die Kenntnis zu innerer Ungebundenheit. Er wandelt mit offenen Augen blind über die holperigen Straßen des Leidens, weg aus der Ordnung, hinein in seine selbst erschaffene Unwirklichkeit. Warum der Mensch so ist und dies tut, weiß er vermutlich auch selbst nicht.

Im Nicht-Sein und Nicht-Handeln lebt der Mensch im richtigen Verhältnis mit allem Erschienenen und allem nicht Erschienenen, ihm wird es an nichts mangeln. Der Erwachte handelt nicht, doch durch sein stilles So-Sein wandelt sich die Welt. Die Einflüsse des Äußeren schwappen nicht mehr auf ihn zurück. Nichts vermag die große Stille, die er ist, zu berühren.

Die Welt bewegt sich. Bewege dich mit ihr, ohne in ihr zu handeln. Diese Worte sollten nicht oberflächlich interpretiert, sondern in ihrer ganzen Tiefe verstanden werden. Sei offen und lasse dich durch sie vom himmlischem Licht durchdringen und aufwecken! Tauche ein in den grenzenlosen, geheimnisvollen geistigen Ozean. Lass deinen sterbenden Körper im Geist zurück, bevor du tot bist!

Ruhe in dir und erkenne: Die Abhängigkeit vom Körper und der Welt entsteht vor allem durch subjektive Wertvorstellungen und Glaubenskonzepte. Dränge nicht hinaus und beeinflusse nichts und niemand! Präge dich nicht aus und sei still! Weiche nicht ab, und verdrehe nichts! Sei *eins* mit der großen Ordnung, sei *eins* in der großen Ordnung! Nie ist jemand aus der absoluten Wirklichkeit herausgetreten, nie jemand in die absolute Wirklichkeit zurückgekehrt.

Sei, ohne etwas oder jemand zu sein. Die ungeheure Wirkung des Nicht-Wirkens im Glanz des Nicht-Seins überschreitet in jeder Hinsicht den konditionierten Verstand und das menschliche Fassungsvermögen.

Im Kopf erscheint die Welt und veranlasst das Gehirn, traumartige Gedanken zu denken. Alles, was Namen und Formen annimmt, wird gewisslich enden, sich auflösen und zerstört werden, auch der Kopf selbst, in dem die Welt erschienen ist.

Sei stets deines vorweltlichen, unvergänglichen Seins gewahr, in dem nie etwas vorgefallen ist. Nicht-Sein ist der Schoß allen Seins. Nicht-Sein hält sich an nichts fest. Es ist Leere und gleichzeitig Fülle. Es ist alles, was ist, ohne etwas zu sein. Es ist *das*, was du *ewig* bist!

An alles, was du denkst, kannst du dich erinnern, und alles, an das du dich erinnern kannst, ist nur deine Vergangenheit. An deine Zukunft kannst du dich nicht erinnern. Wie wirklich und wahr sind deine Gedanken und deine Vergangenheit, die aus nichts anderem als erinnerten Gedanken besteht? Wie wirklich und wahr ist demnach *das*, was du glaubst zu sein?

Sicher ist, du bist *nicht nichts* und unterstehst auch als Einzelmensch einer durchgehenden, übergeordneten himmlischen Ordnung, deren Ursprung im ewigen Nicht-Sein ruht.

Warum klammerst du dich so intensiv an Vergängliches, auch an deinen Körper, der selbst Teil eines subjektiven Gedankenspiels ist, das in dir abläuft? Dein Leben existiert aus gasförmigen Gedanken, die sich im Gehirn zu einer Erlebniswelt zusammenfügen und sich im Außen verdichten und ausformen. Alle aus dir entstandenen Formen sind letztlich nichts als verdichtete Gedanken und Vorstellungen, durch die du dir dein Außenleben aufbaust und gestaltest. Es ist vergleichbar mit Regen, der sich in Form eines Tropfens von einem Blatt löst, hinunterfällt und im Boden versickert, um dort lebenspendend für Pflanzen und Blumen zu wirken, und ihnen ermöglicht, sich auszuformen.

Du denkst dich selbst und bist fest davon überzeugt, dass alles, was du dir ausdenkst, wirklich und wahr sei. In Wirklichkeit sind wir innen hohl und leer und erscheinen im Außen, umrandet mit einem Körper, als etwas Festes und Konkretes. An diese Erscheinung klammerst du dich, obwohl sie nichts als ein fließender, schwingender Zustand an der äußersten Peripherie des universellen Bewusstseins ist.

Die illusorischen Fesseln und Bindungen an Gutes und Schlechtes treiben den Menschen heraus aus der heiligen Quelle, heraus aus dem großen Mysterium. Er steigt hinab und schafft Unordnung in der Ordnung. Er verliert sich in Unwissenheit, in Schuldfragen, Rechtfertigungen und Herrschsucht. Er möchte das Licht und auch die Dunkelheit beherrschen, dies vielleicht sogar in nobler Gesinnung. Doch wie nobel diese Gesinnung auch sein mag, sie vermehrt im Grunde nur die Unruhe und Unordnung in der Welt, weil sie vorwiegend auf Weltliches abgestimmt ist. Wer sich im Weltlichen verliert, ist wahrlich blind für die höchste Wirklichkeit.

Sei du nicht so. Überschreite den Ort, wo Himmel und Erde entstehen, und füge dich ein in den Glanz der höchsten Wirklichkeit! Ermögliche es deinem Leib, transparent zu werden, um von diesem himmlischen Glanz durchflutet und durchstrahlt zu werden. Verwirkliche, was *ewig* ist in dir!

Wenn du die Grenze, an der alles endet, überschreitest, wird alles Dunkle und Trübe in dir reingewaschen. Die geheimnisvolle, himmlische Kraft, die dieses Reinwaschen bewirkt, ist unbekannt. In der Geistesstille zeigt sie sich und wird offenbar. Vermische dich nicht mit hemmenden irdischen Kräften und verweile dort, wo nie ein Moment existiert hat.

Du wirst zu dem, was du dir ausdenkst. Sei darum achtsam, wo du hindenkst, und durchschaue die Grenzgebiete deines Denkens. Du bist davon überzeugt, dass nur *das*, was du denken kannst, wirklich existiert. Du bist jedoch nie *das*, worüber du nachdenkst. Du kannst an alles denken, außer an *das*, was *vor* den Gedanken existiert. Was dein Auge nicht sehen und dein Ohr nicht hören kann, scheint für dich unwirklich und inexistent zu sein. Wie wirklich ist *das*, was dein Auge sieht und dein Ohr hört?

Wer die inneren Grenzen übersteigt, hört auf, jemand zu sein, der mit Äußerem verknüpft ist, und taucht ein ins Mysterium. Wer den Sternenweg heruntersteigt und sich verdichtet, wird unbewusst zu einem Jemand und entfernt sich aus dem Glanz des geheimen, himmlischen Mysteriums. Unendliches verdichtet sich und wird zu Endlichem und bleibt im Endlichen stecken.

So verliert sich der Mensch in den Weiten des Vergänglichen und Sterblichen und empfindet diesen Zustand schließlich als wirklich und normal, was aber anormal ist. Vom Standpunkt des erscheinenden Ich-Bin ist dieser Zustand natürlich und normal. Vom Standpunkt des Nicht-Seins ist alles Vergängliche und Sterbliche unwirklich und nicht normal. Das Ich-Bin wirft Schatten, das himmlische, ewige Sein ist schattenlos und kann nie in Einklang und Harmonie mit einem individuellen Ego kommen.

Obwohl der Erwachte in einem physischen Körper lebt, ist er gewahr, dass er in tiefstem Sinn nie dieser Körper war. Die Welt, die autonom im Gehirn entsteht, ist eine Art Hologramm, das durch eine Vielzahl unterschiedlichster Sinnesimpulse in verschiedenen Gehirnarealen entsteht, und zwar bevor Ich-Bin auf der Weltbühne erscheint und bevor das Denken, Fühlen und bewusste Assoziieren innerhalb des erscheinenden holographischen Weltbildes aktiv wird. Die Essenz war schon da, bevor Ich-Bin mit der Ich-Bin-Welt in Erscheinung trat.

Der größte Teil der Menschen lebt ein unbewusstes Dasein. Der Erwachte ist seines illusorischen physischen Daseins gewahr, gleichzeitig aber auch seines ewigen, unberührbaren Hierseins. Er ist sich bewusst, dass sein physisches Dasein die Gesamtsumme seiner äußeren Erfahrungen ist, seiner Gedanken, seiner Gefühle und seines angehäuften Wissens. Doch er hat, innerlich lächelnd, den Spiegel des illusorischen Daseins durchschritten und ist im vorweltlichen Ewigen gefestigt.

Was abstirbt, berührt den erwachten Zeitlosen nicht. Sein Hiersein in der Welt ist grenzenlos, unfassbar und undenkbar. Er ist gestorben, bevor der Tod kam, aber das ist nichts Besonderes und macht ihn auch nicht zu etwas Besonderem. Er ist erfüllt von tiefer Stille. Was das Leben ihm bringt, nimmt er dankbar an. Was das Leben ihm nimmt, akzeptiert er mit Gleichmut.

Der Erwachte bleibt ruhig und abgelöst von den äußeren Abläufen und den inneren Sturmfluten, die die Menschen mit sich reißen. Gedanken an ein Leben nach dem Tod oder an Wiedergeburt steigen in ihm nicht mehr empor, da er im vorweltlichen Ungeborenen gefestigt ist.

Nirgends ist er verankert und hinterlässt auch keine Spuren. Nichts sieht er als sein Eigen, denn sein Dasein ist Nicht-Sein. Sein Hiersein ist wie eine Sonne, in deren Gegenwart sich Grenzen und Begrenzungen sachte und geräuschlos in nichts auflösen.

ACHTE AUFS GERINGSTE!

Hüte dich vor deinen Gedanken und ihren Kräften. Gehe behutsam mit ihnen um und sei achtsam, wo sie dich hinführen. Gedanken suchen stets zielgerichtet einen äußeren Ort, an dem sie sich entfalten und verankern können. Durch Wollen und Nicht-Wollen stecken sie ihre Einsatzgebiete und Wirkungsfelder ab.

Himmel und Erde erschaffen sichtbare und unsichtbare Dinge und Gebiete: Dinge, die verstanden werden können, und Dinge, die nicht verstanden werden können; Dinge, die gesehen oder nicht gesehen werden können. Das sind die Einsatzgebiete, in denen das Denken und der Verstand aktiv sind.

Himmel und Erde bilden zusammen eine Einheit und sind eingebettet in das große Mysterium, in dem sie sich spiegeln und wieder auflösen. Eine geheimnisvolle, immanente, intelligente Kraft, die in Abwesenheit von der Vorstellung Ich-Bin wirkt, ist Grundlage und Essenz von allem, was ist, und von allem, was noch nicht ist. Dieses reine Licht, diese himmlische Kraft ist *das,* was du *vorweltlich ewig* bist.

Es ist die nach außen gekehrte Ich-Bin-Egokraft, diese Illusionskraft, die das heilige Band zerreißt und die Verbindung zur geheimnisvollen essenziellen Lichtkraft unterbricht. Sie verdunkelt das Auge, verhärtet das Herz und verschleiert die Schönheit des ewigen Seins. Lasse es nicht zu, und erwache jetzt! Die Zustände des Zeitlichen lösen sich auf, wenn du deinen Blick vom Vergänglichen ablöst.

Durch himmlische Kraft wird alles geordnet, was in Unordnung geraten ist, und in die große Ordnung zurückgeführt. Nur im Nicht-Handeln und Nicht-Wollen kann diese geheime Kraft verwirklicht werden, und durch Nicht-Wirken kann sie wirken. Nicht-Sein und Nicht-Handeln sind gewiss kein fatalistisches oder phlegmatisches Verhalten, sondern ermöglichen den Zugang zum ursprünglichen Licht und zur ursprünglichen himmlischen Kraft.

Die Welt erscheint und vergeht. Im ewigen Sein dagegen ist nie etwas vorgefallen oder geschehen. Der Träumer mit seinen Träumereien erscheint in der Welt, nicht *du*. Der Ewigkeit ist es egal, wer oder was du außen bist, denn sie berührt das Zeitliche nie.

In der Realisation des ewigen Seins entsteht der Wunsch, in der äußeren Welt Ordnung zu schaffen, nicht mehr. Wer erwacht, nimmt sich zurück, damit *das,* was geschehen muss, unbeeinflusst geschehen kann. Persönliche Beeinflussung fördert bloß das Chaos und nährt die Verwirrung. Wer in Einklang mit dem Untrennbaren lebt, durch den wirkt *Es*, ohne einen Wirkenden. So ermöglicht der Erwachte allen nach außen gekehrten Lebewesen eine sanfte Rückkehr ins Mysterium.

Ichheit ist neugierig und forscht gern, aber eher oberflächlich und widerwillig, was das Nicht-Ich betrifft. Die Ichheit spürt, dass sie sich durch inneres Graben und Forschen ihr eigenes Grab schaufelt. Die Herrschaft wird beendet, der König vom Thron gestürzt. Aus diesem Grund nimmt die Ichheit das Abgeschnittensein von der Einheit gerne in Kauf und beschränkt sich auf oberflächliches Suchen, und zwar genau dort, wo es nicht weh tut und wo die Herrschaft der Ichheit nicht infrage gestellt wird oder gefährdet ist.

Wer innen still ist und außen nicht handelt, fügt sich nahtlos in die große Ordnung ein und lässt das Leben frei fließen. Wahrlich, es ist alles in Ordnung in der inneren Ordnung. Die Welt ist nicht so, wie du denkst. Dessen wirst du gewahr, wenn du vom Standpunkt des Nicht-Seins das Denken und die Welt beobachtest. Was auch immer du in der Welt denkst und tust, achte auf Übereinstimmung und Harmonie in den Gegensätzen. Gleiche aus und erhebe dich über das Trennende und Gegensätzliche. Sei im Gleichgewicht! Was in Klarheit ausgeführt wird, wird durch die Gesetzmäßigkeiten der himmlischen Ordnung vollendet.

Wer erwacht, denkt nicht über ein langes Leben oder einen frühen Tod nach. Er ist von der

Vorstellung, ein Körper zu sein, abgelöst. Leben und Tod gehören zusammen. Es sind koexistierende, zusammengekettete Zustände, die den Erwachten nicht mehr berühren. Wer erwacht, realisiert, dass sich alles, was in der Welt entsteht und vergeht, ohne sein Handeln und Bemühen harmonisch vollzieht. Was so wirkt, übersteigt den Verstand und alle Menschenworte.

Wer erwacht, entdeckt die unfassbare Tiefe und unermessliche Größe der grenzenlosen himmlischen Ordnung in seinem Sein. Wer aus der Ursprungskraft lebt, lebt aus dem Licht, das nicht von dieser Welt ist und doch die ganze Welt durchstrahlt, durchglüht und nährt. Ursprungskraft schenkt dem Leben Lebendigkeit und himmlische Intelligenz, durch die sich Dinge verdichten und als Formen und Körper in Erscheinung treten.

Alles, was aus dem ungeformten Urgrund offenbar wird, wandelt sich und kehrt wieder in den formlosen Urgrund zurück. Die Erscheinungswelt besteht aus schwingenden, vibrierenden, rhythmisch fließenden Zuständen, die in unermesslich vielen Frequenzbereichen als Lebensformen in Erscheinung treten. Alles, was sichtbar und erlebbar ist, löst sich jedoch wieder auf. Alles, was erscheint und vibriert, wird wieder ausvibrieren.

So wie auf einer weißen Kinoleinwand Bilder, Landschaften und Welten erscheinen, solange der Projektor eingeschaltet ist, so erscheinen auch die illusorischen Weltbilder im Gehirn, bis das Ich-Bewusstsein ausgeschaltet ist. Auf der Leinwand mögen beeindruckende Waldbrände, Erdbeben und Überschwemmungen zu sehen sein, in denen viele Menschen ums Leben kommen. Die Leinwand wird durch diese Ereignisse nicht berührt oder beschädigt. Sie bleibt rein, weiß, unbefleckt und unbeschädigt von den furchtbaren Ereignissen und Abläufen. So ist es auch mit dem reinen Bewusstsein und den Erscheinungen, die sich in ihm spiegeln.

Der Weg ist das Ziel, heißt es. In Wirklichkeit existieren weder ein Weg noch ein Ziel, außer in deinen Gedanken und Vorstellungen. Genieße ziel- und weglos das Leben und ziele nicht auf etwas, sonst wirst du vielleicht selbst getroffen. *Das,* was nie erzeugt wurde, ist unbekannt und unfassbar. *Das,* was durch das Ich-Bewusstsein erzeugt wurde, ist fassbar, erkennbar und für das Ich erlebbar. Was vor allem Erzeugten existiert, kann jedoch nicht *nichts* sein. Es ist *das*, was du *vorweltlich ewig* bist.

Weil Nicht-Sein weder fassbar noch objektivierbar ist, kann es weder analysiert noch verstanden werden. Das ist der Konflikt und das Dilemma des Gehirns, das über sein vergängliches und begrenztes Dasein nachdenkt: »Ich weiß nicht, was ich eigentlich bin, woher ich komme, und welchen Sinn es ergibt, dieses Ich-Bin zu sein.«

Je nach Standpunkt, von dem aus man diese Thematik betrachtet, taucht man ein und wird gewahr, dass dieses äußere Ich nie wirklich existiert hat und dass aus Unwirklichem nie etwas Wirkliches hervorging. Das wirkliche Sein ist vorweltlich und nie von irgendwo hergekommen und nie irgendwo hingegangen. Es ist *das,* was du *ewig* bist. Glaube nicht, sei! In dieser Welt zu leben, ohne sich innerlich irgendwo aufzuhalten, nennt man Erwachen. Was sich ausformt, verdichtet sich, erzeugt Volumen und erscheint in Raum und Zeit. Den Ablauf dieses Prozesses nennt man Zeit. Was erscheint, erscheint im Bewusstsein und ermöglicht ihm, sich als Bewusstsein bewusst zu sein. Doch *das,* was du *wirklich* bist, ist ungeformtes, ewiges Nicht-Sein.

UNVERFÄLSCHTE EVIDENZ

Schaue tief in dich hinein und gewahre die Quelle deiner Missverständnisse und Unklarheiten. Sieh, wie sich dein Wille in ein Gewand von Macht hüllte und sich einen Weg voller Leiden und kämpfender Verhaltensmuster ausgehauen hat, obwohl das Leben voller Schönheit ist, frei von aufgezwungenen Einschränkungen und verworrener Zwiespältigkeit.

Sei du selbst, aber nicht *das*, was du dir vorstellst oder einbildest zu sein. Wenn du nur an dein empirisches Wissen glaubst und in ihm Zuflucht findest, wirst du *das,* was du *wirklich* bist, nicht *ent*decken können, da die Herrschaft des äußeren Wissens dich an die Welt, ans Fleisch und die vergänglichen Objekte bindet.

Die Wirkungen des Wissens funktionieren nur in der vergänglichen Welt. Dort breiten sie sich aus und festigen sich. Wissen wird im Außen gesammelt und vermehrt. Im Hinblick auf das ewige Sein stellt dieses Wissen Unwissen dar und ist für die Realisation der Totalität völlig nutzlos. Weltliches, objektorientiertes Wissen funktioniert für die Realisation des Nicht-Ich nicht. Gedanken sind innen hohl und im Außen auch nur hohle, bildliche Wahrnehmungen und *Vor*stellungen des Ich-Bewusstseins, nicht mehr als eine schimmernde Fata Morgana in der Wüste.

Sei achtsam! Verliere dich weder im Leben noch im Tod, weder im Sichtbaren noch im Unsichtbaren! Sei hellwach und lasse dich nicht von der Welt der Objekte und Dinge blenden und verführen! Verschiebe dich nicht mehr nach außen, denn alles, was du dort finden kannst, bist du *nicht*.

Gutes und Schlechtes, Belohnung und Bestrafung bewegen sich gemeinsam auf demselben Weg. Wo es einen Weg gibt, gibt es gewiss auch ein Ziel, und wo es ein Ziel gibt, gibt es Streben und einen Strebenden. Wo es Wollen gibt, gibt es einen Wollenden, und wo es einen Wollenden gibt, gibt es Rücksichtslosigkeit, Unklarheit, Lieblosigkeit und Chaos.

Selbstverständlich hat Wissen seine Wichtigkeit für die Anliegen des Alltagslebens in der Welt und in der Gesellschaft. Gehört es nicht auch dazu, sich der Grenzen und der Wirkungskreise des eigenen Wissens in der Außenwelt bewusst zu sein? Gedanken werden zu Zielsetzungen und Zielsetzungen zu Taten. Durch diesen Werdevorgang entstehen unzählige Identifikationen und ein äußerst dynamisches Anhaften an seinen eigenen Gedanken, Taten, Zielsetzungen und Vorstellungen. Gedanken, Taten und Zielsetzungen sind auf die Außenwelt gerichtet, in der all die erdachten Dinge physisch erlebbar sind und deshalb auch als real und wirklich empfunden werden.

Alles, was so erlebbar ist, ist etwas Hinzugefügtes, Ausgedachtes und Konzeptuelles. Es ist etwas völlig anderes als *das,* was du *ewig* bist. Du bist kein Etwas und kannst nie das sein, was du dir ausdenkst und glaubst zu sein. Dein ewiges Hiersein vermischt sich nie mit Zeitlichem. Das zeitliche Universum spiegelt sich in dir. Es gibt dort nirgends Trennung und nirgends Zweiheit.

Du bist weder dein Denken noch die erdachten Objekte, die du dir in der Außenwelt angeeignet hast. Dennoch bist du davon überzeugt, dass alles, was du dir angeeignet hast, dir und niemand anderem gehört. Einerseits stimmt das ja auch, andererseits ist diese Haltung und das, was sie in der Psyche bewirkt, der permanente Zwiespalt zwischen Haben und Halten und Nichts-verlieren-Wollen. Dein ganzer Besitz besitzt auch dich und nagelt dein innerstes Unvergängliches an alles Äußere und Vergängliche.

Diese Wechselwirkungen sind fatal. Das Anhaften und Nichts-verlieren-Wollen ist die Quelle, aus der alles Leiden hervorgeht. Niemand will leiden. Wer jedoch nicht konsequent das Unwirkliche in der Wirklichkeit zu sehen vermag, bleibt in den tausendfachen Schattierungen des Leidens stecken.

Nur oberflächlich an der Fassade zu kratzen, um sie zu sanieren und mit einer neuen Farbe zu übermalen, bringt nichts. Schau hinter die Fassade in die inneren Räume und miste konsequent alles aus, was du nie warst. Werde tief gewahr, was dich alles in diesen Räumen in Einzelhaft gefangen hält! Bist du damit zufrieden, wie ein Sträfling in deiner eigenen engen Welt umherzuirren, nur weil du dich an das Zellenleben in deiner Ich-Welt gewöhnt hast?

Vermutlich hast du Angst, in die Freiheit zu schreiten, weil du nicht weißt, was dich dort außerhalb der Gefängnismauern erwartet. Nun, nichts erwartet dich – nur wirst du staunend gewahr, dass dieses Gefängnis in Wirklichkeit nie existiert hat.

Mit dem Eintritt ins physische Leben durch die Geburt des Körpers übernimmt man unmittelbar die Felder des Spürbaren, des Erkennbaren und des Wahrnehmbaren. Mit der Befruchtung und Geburt des Körpers wird auch gleichzeitig dessen Ende besiegelt.

Alle Körper, die gezeugt und geboren wurden, werden sterben. Was hat das mit dir zu tun, mit dir, dessen wahres Sein *vorweltlich* und *ewig* ist und die Welt nie berührt hat? Der Fleischkörper, der dich umgibt, bist du nicht, ebenso wenig wie du die Kleider bist, die du täglich aus dem Schrank nimmst und anziehst. Dies zu wissen bedeutet nichts, dies zu verwirklichen alles! Ein Haus wird durch seine Leere brauchbar, so auch ein Körper, der im Geist gefestigt ist und seines vorweltlichen Seins gewahr ist.

Substanziell bist du weder der Körper noch

das Weltbild, das aus ihm entsteht und vergeht. Dein wahres Sein ist wahrlich unergründlich, ein unermesslich tiefgründiges Mysterium.

Es ist möglich, die Welt mit ihren physischen, vergänglichen Erscheinungen zu überwinden und zu überschreiten. Dazu bedarf es einer scharfsinnigen, nüchternen, intuitiven Logik, die auch das Abtun und Ablösen nicht als einen Verlust von etwas betrachtet.

Wer erwacht, bringt in Stille alles, was nicht in Übereinstimmung ist, wieder in Übereinstimmung. Alles fügt sich, alles eint sich. Unerschöpflichkeit ist im Überlagerten nicht vorhanden, und deshalb in dir als äußeres Wesen auch nicht.

Tauche furchtlos in Ängste und konditionierte Weltanschauungen ein, ergründe ihre Oberflächlichkeit und ihre Tiefen. Das klingt zwar einfach, ist es aber nicht, denn das Welt-Ich fürchtet sich vor Formlosigkeit, Leere und Verlust. Grundsätzlich möchte das Ich-Bewusstsein nur eines: sein Weiterbestehen sichern. Enthülle das freudvolle Wunder des Nicht-Seins und erkenne, wie Geist im Bewusstsein als Gestalt in der Welt erscheint! Es ist kein Ereignis, sondern eine Tatsache, genau *hier und jetzt*.

DAUERND – UND NICHT ANDAUERND

Geist und Materie sind in ihrer Einheit ewig. Mit ewig ist Dauerndes und nicht Andauerndes gemeint.

Körperlosigkeit kannst du dir nicht vorstellen. Eine solche Vorstellung passt nicht in dein genormtes, geformtes, physisches, konzeptuelles Dasein. Jetzt und heute bist du jemand. Dieses Jemand- und Etwas-Sein möchtest du nicht mit Niemand- und Nichts-Sein tauschen – Bekanntes gegen Unbekanntes. Aber warum eigentlich nicht? Warum nährst du dich mit todbringenden Kräften, die nichts als Leid erzeugen? Warum fürchtest du dich vor dem, was für dein Ich-Sein unbekannt ist? Schau hinter den Schleier! Fürchte dich nicht und erblicke deine namen- und formlose geistige Heimat!

Deine Handlungen, deine Zielsetzungen, deine Gedankenkonstruktionen sind wie ein dicker Mantel, den du dir im Laufe deines Lebens selbst umgelegt hast. Unter diesem Weltenmantel verbirgt sich *das,* was du *wirklich* bist, bevor du *etwas* geworden bist. Mache dein Herz leer, und festige dich im Vorweltlichen. Vermähle dich nicht mehr mit illusorischen Zuständen und absurden weltlichen Vorstellungen. Deine Sinne, einschließlich deines Denkens, orientieren sich nur an diesem schweren inneren Mantel.

Der Verstand empfindet und erlebt diesen verdichteten Umhang als wirklich und wahr, denn er ist etwas, das er verstehen und analysieren kann. Ja, über die subjektiv hinzugefügte Welt und die Objekte in ihr kann man nachdenken, über *nichts* kann man nicht nachdenken. Generell erachtet der Mensch alles, was er sich ausgedacht hat, als sein wahres Sein.

Wissen ist Werden. *Das,* was *ewig* ist, ist nie geworden. Alles, was du liebst, wird sich in dem Moment, in dem du die physische Welt hinter dir gelassen hast, in nichts auflösen. Die gesamte physische Welt wird von dir wegbrechen und erlöschen.

Ich frage mich, ob du diese Worte nur beiläufig und oberflächlich zur Kenntnis nimmst, so, als hätten sie nichts mit dir zu tun? Blendet dein Gehirn diese unabwendbare Tatsache, die dich direkt betrifft, aus?

Wenn der Tod dich küsst, löst sich alles Persönliche, alles Geborene, alles Gewordene, alles Gedachte und Emotionale in einem dunklen, unbekannten Raum auf. Der Körper wird kalt, steif und leblos und wird dann beerdigt oder verbrannt. Nichts als eine Handvoll kalte Asche bleibt von dir zurück. Das Persönliche, das am Fleisch und den wahrnehmbaren Dingen der Welt haftet, kennt sein Leben lang nur eines: Werden. Diesem rastlosen Getriebenwerden wird durch das Betreten des Raums des Todes ein jähes Ende gesetzt. Der Gedanke, nichts mehr zu werden und nichts mehr zu sein, setzt der Psyche arg zu, weil das physische Leben aus nichts anderem als Werden zusammengesetzt und aufgebaut ist.

Was im Bewusstsein entzündet und erzeugt wird, empfindet man als sein Leben. Was im Bewusstsein als Leben erscheint, teilt sich im Einen auf und erscheint als Vielfalt. Das Viele ist indes das *eine* grenzenlose Selbst. Was im Bewusstsein erzeugt wird, kommt in Bewegung. Durch diese entsteht eine Wirkungsweise, die einem ihr innewohnenden Gesetz folgt – nämlich dem Gesetz der Ursachen, Wirkungen und Rückwirkungen. Die Außenwelt und der physische Körper sind auf nichts anderem als Ursachen und Wirkungen aufgebaut. Was sich nach außen kehrt, folgt diesen Gesetzen.

Nur *das,* was *nie* geworden, geboren, gemacht und geformt wurde, kann als *ewig* bezeichnet werden. Dieses Ewige ist dein *wirkliches* Sein. Das Wort ewig ist heimtückisch, denn es gibt keine Referenzpunkte, an die man anknüpfen könnte, um es inhaltlich zu verstehen. Das Ewige ist eine Erfahrung ohne einen Erfahrenden und berührt die Worte und die erzeugten Gedanken nie.

Wer sich einfügt, kehrt aus der Zweiheit in die natürliche Einheit zurück. Nicht-Sein und Nicht-Werden ist das Höchste, was ein Mensch realisieren und verwirklichen kann. Der wahre Mensch ist Geist. Folge wunschlos und still dem Leben, damit es sich erfüllen kann!

Wer glaubt, etwas verloren zu haben, sucht. Doch was immer er auch sucht, das Gesuchte existiert immer außerhalb und getrennt vom Suchenden. Das Suchende bindet durch unsichtbare Stränge den Geist an das Gesuchte. Dadurch entstehen Unruhe, Verwirrung und ein Herabsteigen in freudlose Zustände.

Ordne dein Inneres und kümmere dich nicht um das Äußere, denn das entfaltet sich von selbst. Das Äußere wandelt sich, das Innere bleibt ewig still.

Wer erwacht, ist seines formlosen Seins stets gewahr. Obwohl er als Körper in der Erscheinung lebt, verlässt er sein zeitloses Zuhause nicht. So erhält alles seinen Sinn und ist umfassend immer am richtigen Ort. Wer so lebt, lebt in Übereinstimmung mit dem Einen, in dem kein Zweites existiert. Wer in Übereinstimmung lebt, schließt nichts mehr ein und nichts mehr aus. Aus diesem unerzeugenden Gewahrsein öffnet sich eine neue, frische, intuitive Logik, die Lücken schließt und sich über das Verstandesbewusstsein zu erheben vermag.

Sei, ohne zu wollen! Sei frei von der Welt! Solch ein So-Sein übertrifft jegliches zeitgebundene Wirken.

Die Bande, die Menschen an Menschen

binden, führen in den Tod. Sie zeigen, dass Menschen den Ursprung ihres wahren Seins vergessen und verlassen haben. Entbinde dich, sei ruhig und durchschreite furchtlos das funkenreiche Ich-Feuer! Werde dir des Unwirklichen im Wirklichen gewahr.

Sprich nicht, wenn du nichts zu sagen hast, und denke nicht, wenn es nichts zu denken gibt. Bemühe dich aber nicht krampfhaft, nichts zu sagen und nichts zu denken. Sei natürlich, sei still! Sei du selbst und verunreinige nicht unnötig das reine Sein. Wer im Nicht-Sein lebt, vergisst sich selbst und entdeckt das wahre ewige Leben. Er lebt in der Welt und doch abseits der Welt, unbeeinflusst von den großen Wellen, die Leben und Tod erzeugen.

Was jemand als wertvoll oder nicht wertvoll empfindet, ist eine Ermessensfrage, die durch das subjektive Denken bestimmt und genormt wird. Der Mensch befasst sich ständig mit Dingen und Objekten. *Das,* was er selbst *wirklich* ist, kann er weder bestimmen noch ermessen. Kümmere dich nicht um dein Leben nach dem Tod, wo die Werdeprozesse im vom Körper abgelösten Bewusstsein im Jenseits weitervibrieren. Sei gewahr, dass dein wirkliches Sein frei von Gegensätzen ist. Dein reines Hiersein ist unberührt vom Diesseits und vom Jenseits, das nur das feinstoffliche Zuhause des Ich-Bewusstseins ist.

Bist du eigentlich der Mensch, der du werden wolltest? Fließt es zu dir, fließt es durch dich, oder bist du innerlich stumpf und erkaltet?

LIEBE UND ANDERE NEBENWIRKUNGEN

Durch die Geburt des Körpers, das Erleben der Kindheit, der Jugend und später als Erwachsener hast du im Laufe der Jahre viel erlebt und viele sehr unterschiedliche Erfahrungen gemacht. Du hast gelernt, zu lieben und zu hassen, und wegen der Liebe auch schmerzhafte und enttäuschende Erfahrungen gemacht. Deine Gefühls- und Stimmungsbilder, deine Sehnsüchte und Hoffnungen waren nie völlig bedient und erfüllt worden.

Nach dem hormonellen Rausch der Verliebtheit folgte trotz Flexibilität und Kompromissbereitschaft Ernüchterung. Die Chemie stimmte im wahrsten Sinne des Wortes nie ganz. Die großen und schönen Worte waren wie eine warme Springflut, der später die kühle Ebbe folgte.

Eine Zeit lang war man in der Gefühlswelt eng miteinander verbunden und schmiedete gemeinsame Pläne, doch dann, durch Unstimmigkeiten, riss das zarte Band und zerstörte abrupt das feine Gefühl des Zusammengehörens. Der beißende Schmerz des Getrennt- und Alleinseins drang wie ein Stachel ins Bewusstsein. Der Abstieg von der Traumleiter der Verliebtheit in die Ernüchterung zerstörte die zarten Gefühle. Die Seele schrie tief innen nach Heilung und Erlösung, doch war weiterhin unermüdlich auf der Suche nach der perfekten und ewigen Liebe. Ewig währende Liebe musste es doch geben, aber wo, mit wem und wann?

Einzelne Gedanken werden blitzschnell zu strukturierten Denkmodellen, die sich mit den Denkmodellen anderer Menschen vereinen und verdichten. Sie fließen ineinander über, durchmischen sich, suchen nach Ähnlichkeiten und möglicher Synchronisierung. Dieses Verhalten scheint für das Leben der Menschen in ihrem Alltag in der Außenwelt wichtig zu sein. In der Synthese dieses überlagerten Aggregats empfindet sich der Mensch als Ich-Bin – als so bin ich.

In kollektiven Denkmodellen sucht der Einzelne die aufgegleisten Konzepte zu erforschen, immer in der Hoffnung, darin den Sinn seines eigenen Lebens zu entdecken. Er möchte herausfinden, warum er überhaupt hier in dieser Welt ist und warum er sich an seine Vergangenheit, aber nicht an seine Zukunft erinnern kann. Warum wurde er überhaupt geboren? Nur um zu leiden und am Ende, als Abschiedsgeschenk des Lebens, zu sterben?

An was sollte der Mensch glauben? Wird das Geglaubte seine Lebenssituation verbessern und ihm den erhofften Halt im Leben schenken? Was geglaubt wird, wurde durch den Glauben selbst erschaffen und ausgeformt. Das Heranziehen von schönen und positiven Gedanken kann sicher förderlich sein, da diese unter Umständen eine positive Kontinuität des Alltagslebens zu erzeugen vermögen. Was so erzeugt wird, ist andauernd, aber nicht dauerhaft.

Jedes Haus wirft einen Schatten. Der Schattenwurf wie auch das Innere des Hauses sind allerdings hohl und leer, und die Mauern wurden vom Ich-Bewusstsein konzipiert und erschaffen. Das Haus ist andauernd, aber nicht dauerhaft.

Je mehr Menschen an ein und dasselbe glauben, desto sicherer ist der Einzelne, dass das, woran er glaubt, richtig, wirklich und wahr sein muss. Dies bezieht sich nicht nur auf religiöse Glaubensmodelle, sondern auch auf politische und andere Lebensvorstellungen, die überfüllt von Hoffnungen, Wünschen und Sehnsüchten sind.

Die Gesellschaftsform, in der der Einzelne lebt, ist die Krücke, an der er gehen muss, ob er das will oder nicht. Das Fundament, der Aufbau und das Innenleben der jeweiligen Gesellschaftsform bestehen aus diesen unzähligen Hoffnungen, Sehnsüchten, Wünschen und den unterschiedlichen vorgegebenen Glaubensmodellen. Sie sind die Steine, mit denen dieses überlagerte Haus erbaut wurde.

In allen gesellschaftlichen Lebensformen herrschen auch immense Aggressionen, Ängste, Selbstsucht und Egoismus. Der Einzelne stellt sich stets an die erste Stelle. Zuerst komme ich – und dann wir. Das Ich ist zwar bereit, Kooperationen einzugehen, doch nur zum Selbstzweck. Es ist ständig darauf bedacht, die bestmöglichen

Vorteile für sich herauszufiltern. Das Wir ist für den egomanen Menschen ein reines Mittel zum Zweck. Gestaltet man sein Leben nach dem Ich, dann betritt man Seitenwege, die in die Lieblosigkeit führen, und sät dabei auch giftiges Unkraut auf die Lebenswege der Mitmenschen. So wird Gerades krumm gebogen.

Der Mensch ist doch ein sonderbar genormtes Wesen, das blind seine lebende Gestalt der Zeit und der Vergänglichkeit opfert, ohne dessen gewahr zu sein. Wie ein Seiltänzer sucht er täglich nach Stabilität und Gleichgewicht, um sich so gut wie nur möglich durch sein Leben zu navigieren. Dabei ist er sich nicht im Geringsten bewusst, dass *das,* was er im Außen sieht und erlebt, nie *das* ist, was er *wirklich* ist.

Die Möglichkeit, sich Dinge anzueignen, zu besitzen und zu kontrollieren, beflügelt den Menschen und treibt ihn zu Höchstleistungen an. Dieses eigensinnige So-Sein reißt ihn weg von seinem ursprünglichen geistigen Sein. Die psychisch konditionierte und fokussierte Wahrnehmung, mit der der Mensch auf die materielle Welt starrt, ist wahrlich hypnotisch, starr und stark. Durch diesen nach außen gekehrten Fokus verliert der Mensch die Fähigkeit, das Unwirkliche in der Wirklichkeit zu erkennen.

Die Kunst, hinter das Vergängliche zu sehen, ohne sich von den Fangarmen der Zeit einwickeln zu lassen und von der Masse der Welt erdrückt zu werden, diese Kunst nennt man Erwachen. Es ist eine nach innen gerichtete intuitive Intelligenz, ein Sehen wie ein Lichtstrahl, der alle Schatten im Außen durchdringt und auflöst. Die wahren Geheimnisse der Welt entdeckt man nie außerhalb oder getrennt von sich selbst, sondern unmittelbar im vorweltlichen Sein. Die Welt-Anschauung im Außen und die Empfindungen, die mit dieser Anschauung einhergehen, zeugen von *dem,* was du in Wirklichkeit *nicht* bist. Was auch immer du außerhalb deines Körpers wahrnimmst, es existiert immer getrennt vom ewigen Sein, an der Peripherie, als Spiegelung deines Nicht-Selbst im Bewusstsein.

Das Subjekt braucht ein Objekt, das es objektivieren kann. Ein Objekt kann sich ja nicht selbst objektivieren und erklären. Die Welt hat dir nie gesagt: »Ich bin die Welt.« Nein, das sagst du, und du weißt auch genau, wie deine Welt für dich sein sollte.

Den Begriff Welt hast bestimmt nicht du erfunden, sondern übernommen. Die Welt an sich ist, genau gesehen, nichts anderes als eine interpretierte Wahrnehmung dessen, was man im Wachzustand als anwesend empfindet. Der Begriff Welt lässt sich auch zu Weltraum ausdehnen und umfasst dann das gesamte sichtbare Universum. Aber woher kommt die Welt, woher das Universum? Wo sind sie, wenn sie nicht von einem Wahrnehmenden wahrgenommen und objektiviert werden? Und das Wahrgenommene existiert ja bloß als Spiegelung im Bewusstsein.

Die Impulse, die *Ein*drücke und Empfindungen werden in einer unermesslichen Geschwindigkeit durch die Sinnesinstrumente im Gehirn zu einem Gesamtbild verarbeitet und zusammengefügt. Der Gesamteindruck wird vom Verstand erkannt, verstanden und benannt. Dies ermöglicht es ihm, Eindrücke zu ordnen und Dinge in der Außenwelt an ihren vorgesehenen Platz zu stellen. Diese Prozesse, die in sehr unterschiedlichen Hirnarealen aktiv ablaufen, erlauben es dem Gehirn, über sich selbst nachzudenken, sich selbst kennenzulernen und zu analysieren. Das menschliche Gehirn ist immer interessiert, neugierig und lernfähig. Es will die vorhandenen Kapazitäten in alle Richtungen weiterentwickeln. Dieser Drang ist natürlich und inhärent im evolutionären Ablauf aller Lebewesen auf Erden.

So siehst du, so erlebst du die Welt und das Universum. Sei dabei stets gewahr, dass du *nie* das bist, was du siehst. Das Körperbewusstsein ist träge und nach außen gerichtet und lässt dich diese Tatsache immer und immer wieder vergessen. Weiche nicht mehr ab! Festige dich im Vorweltlichen und lass dich nicht mehr von alten Gewohnheiten versklaven!

Das Ichbewusstsein orientiert sich ausschließlich an der äußeren vergänglichen Welt und versucht, diese zu beherrschen und zu kontrollieren. Von dieser Herrschsucht ist das Ich absorbiert. Es interessiert sich nicht für das reine Land hinter den hohen, von ihm erbauten Mauern. Die Mächte der Zeit halten es fest im Griff. Im Innenraum dieses düsteren So-Seins wüten egozentrische Gedankengebilde und Emotionen. Diese traumähnlichen Schöpfungen führen am Ende an keinen guten Ort. Sich an Vergänglichem und Sterblichem festzuklammern, ist doch töricht und absurd, da dieser Rausch das Herz mit todbringenden Kräften umgarnt.

Doch irgendwann, an einem Wendepunkt des Schicksals wird die harte Schale geknackt und dieses egozentrische Verhalten bricht auf. Ein unvorhergesehenes Ereignis, eine einschneidende, erschütternde Erfahrung führen einen Wandel herbei. Dann stöhnt die Seele auf und möchte so schnell wie möglich die enggeschnürten Fesseln von sich abschütteln. Tief innen ist eine leise Stimme, die schreien und Grenzen und Mauern einstürzen lassen möchte. Der Mensch ist mehr, als er weiß, und kann mehr, als er denkt. Sein wahres Hiersein ist grenzenlos.

Abgeschlossenheit ist kein natürlicher Zustand und die Haut des Körpers nicht die äußere Grenze des physischen Daseins in der Welt. Das Undenkbare ist nicht nichts, sondern das Grenzland, das ins unbekannte, himmlische Sein führt. Das reine Land ist kein Ort im

Jenseits und hat die Welt von Leben und Tod nie berührt und sich nie mit Vergänglichem vermischt.

Wer die Ich-Wand durchschaut, bewirkt ihr Einstürzen. Dies ist gewiss eine der wichtigsten, höchsten und edelsten Aufgaben, der sich ein Mensch widmen kann, solange er noch in den Umrandungen eines physischen Körpers lebt.

Ist der Schüler bereit, ist der Meister nicht weit. Liebevoll nimmt er ihn an der Hand und begleitet ihn durch Sturmfluten und heftige innere Orkane. Sein meisterliches Licht durchdringt alle Räume. Er bewirkt, ohne zu handeln, Transformation und Vollendung des Schülers. Für den, der wirklich bereit ist, zurückzufließen, offenbart er reine, heilige Kräfte, die Himmel und Erde in Bewegung setzen. Durch sie wird alles Vergängliche und Verfängliche gelöscht und was krank war, geheilt. Wer in der Urkraft wandelt, ist entleert von den Inhalten der vergänglichen Welt und abgelöst von den Nebensachen im Äußeren.

Die Außenwelt ist ein vergänglicher Überbau, ein Spielplatz im Haus des Todes und der Zerstörung. Dieser Überbau macht zwar in seiner äußeren Kraft den Anschein, autonom zu existieren. In Wahrheit ist er nichts anderes als ein mechanisches Spiel der Sinne, gesteuert durch das Ichbewusstsein. Das Denken und der Verstand partizipieren wohlwollend an diesem

Schattenspiel, klar, denn sie treiben es voran und inszenieren es. Die gesamte Weltentwicklung gibt es wirklich, gleichzeitig gibt es sie *in Wirklichkeit nicht*. Es kommt immer auf den Standpunkt an, von dem aus man Sein und Nicht-Sein in sich selbst betrachtet.

Leben ist nie dumpf, sondern extrem dynamisch, voll Lebendigkeit. Durch das *Ent*decken eigener Lebenstiefen wird der Sinn unseres Hierseins offenbar. Die Knospe entfaltet sich zur Blüte.

GEMEINSAM SIND WIR ALLES

Sonderbar, mit dem Wort »wir« gelingt es uns, Gefühle von Gemeinsamkeit und Zusammengehörigkeit zu erzeugen, auch Gefühle von Geborgenheit und Sicherheit. Doch wie weit dehnt sich dein Wir-Empfinden aus? Ist es weltumspannend und schließt alle Lebewesen ein, oder ist es eingegrenzt und lediglich auf dein unmittelbares persönliches Umfeld gerichtet? Wenn dem so ist, dann grenzt dein Wir-Empfinden alle anderen Menschen auf der Erde kategorisch aus, und das sind ja nicht wenige.

Das Problem liegt darin, dass Weltumspannendes in seiner umfassenden Größe und Ausdehnung sich den persönlichen Gedanken und Gefühlen völlig entzieht. In der persönlichen Denk- und Erfahrungswelt des Einzelnen hat aus diesem Grund Weltumspannendes keinen Platz. Es passt nicht hinein und ist nicht kompatibel.

Wenn aber die Vorstellung, ein Ich oder eine Persönlichkeit zu sein, durchschaut und abgelegt ist, erblüht eine überpersönliche Seinskraft, die nie an Grenzen von Kultur, Tradition, Moral, Religion oder Toleranz stößt. Toleranz hat in unserer Gesellschaft einen hohen Stellenwert. Sie ist allerdings ein sehr dehnbarer Begriff, denn die Toleranz, die man gegenüber anderen Menschen, Kulturen oder Religionen zum Ausdruck bringt, folgt meistens keinen objektiven Kriterien. Sympathie und Antipathie wie auch Mehrheitsmeinungen spielen dabei eine gewichtige Rolle. Toleranz kann auch ein Ausdruck von Feigheit sein, wenn sie gezielt und schlau eingesetzt wird, um bei Konflikten wegschauen zu können oder um sie herumzumanövrieren. Unter dem Deckmantel der Toleranz weicht man so elegant Konflikten und Problemen aus, statt sich diesen zu stellen und sie in sich zu klären. Was ins Stocken gerät, verliert sein Leuchten.

Feste Grenzen stecken die Endlichkeit ab. Das Ewige ist ewig frei und grenzenlos. Darum *ent*decke dein wirkliches Sein!

Versuche nie, Ewiges zu verstehen. Vertraue deinem wahren Sein im Hier und Jetzt. *Das*, was du *ewig* bist, ist unerreichbar, und das, was erreichbar ist, bist du *nicht*. Wer sich an äußere Formen klammert, schwemmt vor allem Leid und Verwirrung in sein Leben. Entklammere dich und sei klammerlos glücklich! Fließe widerstandslos mit dem Leben und achte auf die Hindernisse, die sich einzuschleichen versuchen.

Wenn sich die Triebkraft des Ich-Seins entspannt und nicht mehr durch egoistische Gedanken genährt wird, trocknet sie aus und stirbt ab wie eine giftige Pflanze, der man kein Wasser mehr zuführt. Grenzen und Begrenzungen zerfließen und lösen sich auf. So kehrt das Wesen ins Wesentliche zurück, in die Essenz *vor* aller Manifestation.

Was du *wirklich* und *ewig* bist, erfüllt den ganzen Raum. Was den ganzen Raum erfüllt, ist Nicht-Ich. Wenn du erwachst, berührt der Staub der Welt deine Füße nicht mehr, und Essen und Trinken, Leben und Tod scheinen wie ein Traum, den du in Wirklichkeit nie geträumt hast. Die Quelle der himmlischen Kraft sprudelt aus unbekannten Tiefen empor. Bade in diesem reinen Wasser, es macht dich frei. Himmlische Liebeskraft schließt kein Lebewesen ein oder aus und kennt keine subjektiven emotionalen Gefühlsverwirrungen. Himmlische Liebe ist das Licht, das alles durchdringt, alles erleuchtet und den Menschen zeitlos macht. Nicht-seiend und nicht-handelnd steht der Erwachte in der Welt, ein Licht in der Dunkelheit. Seine ichlose Liebe fließt überall hin und bewegt Himmel und Erde, ordnet und eint sie.

Wer sich in dieses himmlische So-Sein nicht einfügt, stiftet nichts als Unruhe und Verwirrung und Unordnung in der Ordnung. Dieses Verhalten erscheint dem Ichbewusstsein natürlich und normal, dem Erwachten absurd und anormal.

Dem Erwachten ist alles möglich und gleichzeitig nichts mehr möglich. Er lebt in der Einheit und ist Einheit. Er passt sich der Welt an, ohne in ihr zu wandeln. Sich von der Welt abzuwenden oder sie zu verurteilen, liegt ihm fern, da er längst die bitteren Abgründe, aus denen Gutes und Schlechtes, Nahes oder Fernes entstehen, hinter sich gelassen hat.

Sich aus der Welt zurückzuziehen bedeutet nichts, mitten in der Welt zu stehen, pflichtbewusst am gesellschaftlichen Leben teilzunehmen und Leben und Tod zu überwinden dagegen alles. Wahrlich ein Meisterwerk – für alle geduldigen Menschen möglich!

Verschiedenheit ist in die Einheit eingebettet. Darum sind alle Lebewesen auf der Erde gleichwertig und haben ein Anrecht zu leben. Wer sich dessen wirklich bewusst wird, achtet und schützt alles Leben und alle Lebewesen. Dies hat nichts mit Moral oder einer religiösen Gesinnung zu tun, sondern beschreibt umfassend, was reine Liebe, Vernunft und wahre Menschlichkeit sind – Attribute des Erwachten. Liebe ist wie unsere Atmung: Das Ein- und Ausatmen der Luft geschieht ohne unser Zutun, ohne zu wollen und zu denken. Es geschieht einfach – frei vom Ichbewusstsein.

Starres zerbricht, Weiches fließt weiter. Das Leben lebt sich selbst. Leben in einem physischen Körper ist auch mit Schmerzen und Leiden verbunden. Natürlich ist der Erwachte ebenfalls diesen physischen Tatsachen ausgesetzt. Da er abgelöst in der Stille lebt, nimmt er an diesen äußeren Regungen nicht teil. Er fühlt und erlebt physischen Schmerz, er empfindet ihn jedoch nur an der äußeren Peripherie seines Daseins und nicht in seinem wahren Sein. Ruhe und Gelassenheit zeichnen *den* aus, der Körper und Form transzendiert hat. Er lebt im Gleichgewicht zwischen Himmel und Erde in heiliger Einheit mit *allem, was ist.* Sein Wirken ist ein Wirken der Einheit und nicht das einer vergänglichen Persönlichkeit.

Wo im Inneren keine Ich-Autorität mehr existiert, existiert auch im Äußeren keine mehr. Was so aus dem Innen hervorfließt, begegnet im Außen weder Widerständen noch Grenzen. Was aus Nicht-Handeln und Nicht-Wollen nach außen strömt, macht alles, was im Außen existiert, mit dem grenzenlosen Innen vertraut.

Die leisen Schritte des Erwachten durch Raum und Zeit sind durchtränkt von unfassbarer Liebe und himmlischer Kraft. Sein Hiersein zeugt von der Helligkeit und Schönheit des allgegenwärtigen Mysteriums. Der Erwachte wandelt durch die Welt, ohne sich in ihr zu verstricken. Sein Da-Sein ist losgelöst vom Raum der Zeit, frei von der Spannkraft, die Leben und Tod erzeugt. Obwohl er im Raum wandelt, tritt er nicht mehr hervor und kehrt nicht zurück.

Die himmlische, nährende Kraft verschenkt sich ohne Anstrengung und Aufwand und kennt weder Bedingungen noch Wollen. Liebe ist kein Werkzeug für äußere Taten, und doch öffnet sie die Tore des Himmels. Wer erwacht, fließt mit dem himmlischen Licht und geht nirgends hin.

VOM SINN DES LEBENS

Der Sinn des Lebens besteht nicht in persönlichen Errungenschaften und individuellen Erfolgserlebnissen. Ohne Erfolg ist der Mensch dagegen unglücklich, niedergeschlagen und verunsichert und fühlt sich in dieser Situation ausgeliefert. Wenn er sich jedoch ständig nur um des Erfolges willen abmüht, verliert er seine Gelassenheit und Ruhe. In diesem nie aufhörenden, zielgerichteten Wollen und Können verbrennt der Mensch seine Ressourcen, seine vitalen Kräfte. Müdigkeit, Erschöpfung, Depressionen und Krankheiten sind die Folgen eines gestressten, unzufriedenen Lebens.

Was machst du mit der Zeit, und was macht die Zeit mit dir? Hast du Zeit, nimmst du dir Zeit, oder hast du permanent zu wenig Zeit und bist ständig gestresst? Der Mensch glaubt, dass er im Erfolg Sinn und Erfüllung seines Lebens finden wird. Dies wird ihm ein Leben lang von der Wettbewerbsgesellschaft so vermittelt. Und genau in diesem Modus, mit demselben Erfolgshunger spielt sich auch das spirituelle und religiöse Suchen des Menschen nach etwas Höherem und Erfolgversprechendem ab. Natürlich sind das Streben und der Ansporn für die Suche nach einem höheren, überweltlichen Ziel geprägt von der Hoffnung, etwas Besseres, Schöneres und Helleres für den ganzen Aufwand zu erhalten.

Der Verstand ist stets mit dem Abwägen der kurz- oder langfristigen Nützlichkeit seines Aufwands beschäftigt. Der Mensch ist ein berechnendes Wesen. Falls es jetzt noch nichts nützt, dann vielleicht im Jenseits oder einem späteren Leben. Doch die heilige Stille lässt sich nicht erarbeiten und erreichen. Sie ist kein Erfolgserlebnis. Kann ein Schatten sich bemühen, die Sonne zu werden?

Die Dinge der Welt sollten dein Herz nicht stören und bewegen. Lass das Wollen, Glauben und Hoffen still werden wie das klare Wasser eines Bergsees in einer Vollmondnacht.

Die Gesellschaft liebt und bewundert die Erfolgreichen und lässt die Erfolglosen achtlos fallen. Eine solche Gesinnung ist eine unmenschliche Tragödie. Natürlich geht es nicht darum, Erfolglosigkeit zu zelebrieren, doch oft fördert und verstärkt Erfolg auch den Egoismus und macht das Herz kalt, lieblos und hart. Egoismus und Gier sind Todesfallen. Sie zerstören die Menschlichkeit und verdunkeln den Geist. Unmengen unguter Geschichten verbreiten sich täglich in der Welt, die durch düstere Gedanken bewegt und ausgesät werden. Gedanken gestalten, schichten und modellieren den Verlauf der Welt, in der wir leben.

Im Fluss der Zeit wird im Heute das Gestern erschaffen, und so wird das Gestern im Heute zu einer Erinnerung, an die man sich heute erinnern kann. An *jetzt* kann man sich nicht erinnern, wohl aber an die Auswirkungen, die wie Wellen vom Jetzt ausgehen.

Das stets vorwärtsgerichtete Denken modelliert gedanklich die Vorstellungen von einem Morgen im Heute, und weil der Beobachtende und das Beobachtete nicht getrennt voneinander existieren, scheint das, was im Heute als morgen erdacht und empfunden wird, wirklich zu existieren.

Nur was *ewig* ist, bleibt ewig unberührt vom Vergänglichen und Erdachten und ist frei von den Kräften, die die Vorstellungen von Erfolg und Misserfolg, von Tag und Nacht in uns erzeugen. Was ewig ist, ist Sinn und Sinnhaftigkeit, ist unzertrennbar und immer zusammenhängend.

Sinn wird nie sinnlos. Unser Dasein kann darum nie sinnlos sein. Dies wirklich zu realisieren und nicht nur zu verstehen, ist sinnvoll. Sinn bedeutet Eins-Sein und Eins-Sein vermischt sich nie mit der überlagerten, dargestellten Erscheinungswelt. Wer erwacht, taucht nicht mehr ins Außen ein.

Durch positives Denken die Welt und die Natur verbessern zu wollen, mag seine Berechtigung haben. Erkenne jedoch, dass *du vor* dem Denken und dem Erdachten existierst. *Ent*decke *Es*, das erfüllt ist von unermesslicher Tiefe, Schönheit und Kraft – dein wahres Sein!

Die Welt ist groß und doch beschränkt. D*as*, was du *ewig* bist, ist ewig unbeschränkt. Das Allgemeine ist ständigem Wandel unterworfen, du nicht. Nie kann ein Schatten Licht berühren, nie das Relative dein wahres Sein.

Das Große existiert im Kleinen, und das Kleine existiert im Großen. Diese so logisch erscheinenden Begriffe gehören mit ihrer Gegensätzlichkeit zur äußeren Denkwelt und nicht zum wahren, ewigen Sein. Verstricke dich nicht in Anschauungen und spitzfindigen Denkmodellen, die zwar intellektuell wertvoll erscheinen, es aber in Wirklichkeit nicht sind. Sei weise! Jongliere nicht mit Gedanken, die Leben und Tod erzeugen und dich vom ewigen Sein wegkatapultieren!

Dein wirkliches Hiersein kannst du weder berechnen noch geometrisch bestimmen. Löse dich darum von Konzepten und Vorstellungen. Du bist wahrlich etwas anderes als das, was du denken und berechnen kannst.

Ohne Zweifel ist die Welt ein geometrisches und mathematisches Wunderwerk, das einen staunen lässt, doch dein wirkliches Sein transzendiert alles Erscheinende und alles Vergängliche. Wahrlich, die Kraft und die Gemeinsamkeit, die Himmel und Erde umspannen, sind dein ewiges Zuhause – hier, in der Mitte, im großen Gleichgewicht.

Gedanken folgen den Augen und werden zu

Worten, die sich dann zu konkreten Handlungen verdichten. Dieses von den Sinnen gesteuerte Tatenkarussell formt und gestaltet all das, was du außerhalb von dir siehst und erlebst. Schau genau hin und erkenne nun, dass alles Gestaltete und Geformte dein Nicht-Selbst ist. Fürchte dich nicht! Löse dich ab und überschreite diese äußere Innengrenze!

Gedankenkräfte erschaffen, tragen und erhalten die äußere Welt. Sie verändern und erneuern sie ständig. Sie passen sich den jeweiligen Situationen, Einsatzgebieten und Bedürfnissen an. Jeder Mensch erschafft und belebt seine eigene Lebensgeschichte. Er ist gleichzeitig Produzent und Schauspieler auf der Bühne seines eigenen Weltendramas.

Durch differenzierte und spezifizierte Sinnesaktivitäten werden die durch äußere Reize und Impulse entzündeten Stimulationen im Gehirn verarbeitet und koordiniert. In einer ungeheuren Geschwindigkeit werden alle Informationen zu einer Erlebniswelt zusammengefügt. Etwas, das durch das Gehirn spürbar und wahrnehmbar wird, wird durch verschiedene Reflexe und das Auftauchen von Gedanken und Gefühlen entzündet und erzeugt.

Der Verstand kann Gedanken verstehen und erzeugte Gefühle deuten und versucht auch über das Gehirn, das Denken und Verstehen ermöglicht, nachzudenken. Das Gehirn denkt also über sich selbst nach.

Demnach muss *etwas* da sein, ein Objekt oder ein Gefühl, über das das Gehirn nachdenken kann. Über *nichts* kann es nicht nachdenken. Doch dieses Etwas kannst nicht du sein. Es ist etwas anderes, etwas Äußeres, etwas, das getrennt von dir existiert. Ohne ein Ich gäbe es kein *Das*, und ohne ein Das kein Ich. Ich und Das bedingen und nähren einander. Es muss also ein Objekt vorhanden sein, über das das Subjekt nachdenken kann und das seine Existenz bezeugt.

Ein Wassertropfen oder eine Frucht können nicht über sich selbst nachdenken. Du denkst über sie nach und erkennst und benennst sie als solche. Der Wassertropfen hat dir nie gesagt, dass er ein Wassertropfen sei, dein Körper nie, dass er dir gehöre! Fleisch spricht nicht, die Frucht spricht nicht, die Welt spricht nicht. *Du* sprichst *über* sie! Das Spiel, das du in der Welt spielst, heißt »Ich und Das«!

Du bist nie *das,* worüber du nachdenkst, und außerhalb deines Denkens existiert kein Objekt, kein Etwas und keine Welt. Doch es gibt keinen Moment, in dem *das,* was du *wirklich* bist, das Undenkbare, nicht hier und jetzt wäre – mit oder ohne ein Ich, mit oder ohne einen Körper, mit oder ohne die äußere Welt. Dort, wo ein Ich und ein Das aufhören zu sein, ist deine wirkliche Heimat, die Herrlichkeit der Ewigkeit, die große Stille, das ursprüngliche Leuchten.

Dieses Ich, dieses Etwas, wird durch genaues

Hinsehen im Innen als etwas Unechtes und Hinzugefügtes entlarvt – eine Fata Morgana in der Wüste. Wo etwas hinzugefügt wurde, muss etwas sein, das *vor* dem Hinzugefügten existiert – *das, w*as du *wirklich und ewig* bist.

Du wirst durch die Automatismen der Sinne so beeinflusst, dass du tatsächlich glaubst, ein Jemand zu sein, ein Individuum, das autonom in der Welt lebt, handelt und stirbt. Diese Prozesse und Abläufe kannst du nicht willentlich steuern, beeinflussen oder kontrollieren. Sie geschehen, weil sie geschehen, und nicht, weil ein Ich da ist, das dies möchte oder nicht möchte. Die Natur ist so, wie sie ist.

Sonderbarerweise bist du fest davon überzeugt, dass alles, was du durch die Sinne wahrnimmst und empfindest, sich außerhalb deines Körpers abspiele und zweifelsfrei wirklich und wahr sei. Natürlich stimmt das so nicht ganz. Auch der Körper ist ja bloß eine Wahrnehmung im Bewusstsein des Wachzustandes. Was durch Sinnesaktivität und Denksinn entstanden und erschaffen wurde, wird von den erschaffenden Kräften zusammengehalten und vom Ich-Bewusstsein überwacht. Sei stets gewahr, was du *nicht* bist!

Das verborgene Licht weist dir einen Weg, wie du die Gegensätze in dieser Welt überwinden kannst. Klammere dich nicht an Vorstellungen und optische Täuschungen, dafür gibt es keinen Grund. *Das,* was du *wirklich* bist, wirst du nie außerhalb von dir finden oder besitzen können. Du bist nicht ein Etwas, das etwas Anderes haben könnte, und nichts Besonderes, obwohl du das vielleicht gerne glauben würdest.

Das Besondere ist, dass du in Wirklichkeit *ewig hier und jetzt* existierst, ohne jemand oder etwas zu sein. Höre auf, Unwirkliches für Wirkliches zu halten und Dinge zu vermischen, die es in Wirklichkeit nicht gibt! Was könnte einfacher sein als das? Glaube nicht nur an das, was du glaubst. Blinder Glaube ist gefährlich und auch ungesund. Was du *wirklich* bist, kennt weder Vergangenheit noch Zukunft.

Kümmere dich nicht um das, was kommt und geht. Sei natürlich, ohne Aufwand und Anstrengung. Sei du selbst! Es bedarf doch keines Beweises, dass du *hier und jetzt* existierst. Mit hier und jetzt ist nicht die Gegenwart gemeint, denn in ihr existiert noch das Gefühl von Zeit. Gegenwart ist die Drehscheibe, in der das Gestern im Heute verarbeitet wird und die Idee von einem Morgen entsteht und genährt wird. Alles ist heute. Alles, was heute ist, ist hingegen das Resultat von Hunderten Gestern, und die existieren nur als Vorstellung im Bewusstsein. Das Ich-Bewusstsein ist immer willig, Dinge, an die es glaubt, als wirklich und wahr zu akzeptieren. Es ist nicht gewahr, dass es selbst nichts als ein überlagerter Gefährte des Todes ist.

Die Sinne entzünden im Innen das Außen und lagern das Außen im Innen ein. Mit dem physischen Tod wird die gesamte erinnerte Lebensgeschichte zu Grabe getragen. Ob dieses Ende für den Einzelnen traurig ist oder nicht, sei dahingestellt. Letztlich wird auch diese Frage beerdigt oder verbrannt. Die Natur stößt ihren Atem aus, ein Einatmen findet nicht mehr statt. Der Tod ist kein Abgang, sondern ein Übergang. Für den Abgelösten, der schon tot war, bevor er gestorben ist, findet er gewisslich so nicht statt.

Gedankenbewegungen sind wie Bäche und Flüsse, die in alle Richtungen von dir wegfließen. Entdecke die Quelle, aus der alles hervorströmt. Deine Gedankenkonstruktionen brechen immer wieder auseinander, verflüssigen sich und schaffen Leiden, Ängste und starke Zweifel. Es bedarf einer ständigen großen Anstrengung, um seine eigenen Gedankenkonstruktionen zusammenzuhalten, sie immer wieder zu optimieren und auch zu verteidigen. Hafte nicht an diesen wollenden Kräften. Außer ins Chaos führen sie nirgends hin. Ruhe als stiller Zuschauer vor der Quelle, und wandere nicht mit dem Wasser! Bleibe zu Hause. Bleibe im grenzenlosen Ozean voller Licht und Stille!

Hunderte Wege führen in die Ferne. Wer erwacht, betritt keinen mehr von ihnen und ruht im Frieden. Der Erwachte hat sein Gesicht nach innen gewendet und sieht in sich weder Leben noch Tod.

Je weiter man herausgeht, desto länger und komplizierter wird der Weg zurück. In der Ferne lauern viele Gefahren, Irrtümer und Verwirrungen, die zu flüchtigem Handeln verführen. Wer die Ordnung verlässt, begibt sich in die Unordnung. Wenn Unordnung zur Normalität wird, ist der Mensch in Leben und Tod gefangen. Die Grenze, wo man Leben und Tod überschreiten kann, bleibt ihm verborgen.

Der Einzelmensch ist nicht mehr als ein Steinchen eines gigantischen Bergmassivs, aber doch Teil dieses Massivs. Er ist nicht mehr als ein Körnchen Sand eines Sandstrandes, und doch Teil des Sandstrandes. Das, was er weiß, ist nichts im Vergleich zu dem, was er alles nicht weiß. Die ungeheuren Weiten, Größen und Tiefen des unendlichen Daseins und die gigantischen unüberschaubaren Weltenzyklen, mit denen er verbunden ist, machen den Menschen demütig, still und staunend. Wenn er dieser Unermesslichkeiten gewahr wird, weicht jegliches Empfinden von persönlicher Wichtigkeit und Überlegenheit aus ihm. Das Verhältnis zwischen dem begrenzten Einzelmenschen und dieser grenzenlosen Unermesslichkeit erscheint lächerlich, geradezu grotesk. *Dein wirkliches* vorweltliches Sein existiert aus den lichten Urmächten, die Himmel und Erde in sich tragen.

Verzichte darauf, etwas oder jemand Besonderes zu sein. Füge dich in die heiligen, überpersönlichen Urmächte ein! Die Vertiefung, die durch das Einfügen offenbar wird, lässt sich in Menschenworten nicht erklären. Das sogenannt Große und Kleine lösen sich im Einfügen in nichts auf. Die unermessliche Vielfalt der Dinge zerschmilzt zu *Einem*. Das *Eine* ist weder ein Etwas noch ein Ding noch ein Jemand. Es ist zeitlos, namen- und formlos. Es ist *das*, was du *wirklich* und *ewig* bist.

Schaue über das weite, offene, innere Meer und verlasse die lieblosen Ufer der Begrenzungen und der verkrampften Ichheit. Lasse sie hinter dir. Sie haben nie wirklich in dir existiert. Lasse dich nicht mehr von den Flutkräften der dumpfen. Ichheit mitreißen. Erwache im großen Mysterium!

Wenn du *ent*deckst, was du wirklich *nicht* bist, brechen die Egokräfte zusammen und verflüchtigen sich wie der Rauch eines Feuers. Du bist *nicht* nichts. Deine wahre Größe entdeckst und realisierst du jenseits der Außenwelt und der Innenwelt, die beide Produkte der überlagerten Ichheit sind.

Dein wahres Sein ist jenseits von Groß und Klein, von fern und nah, von Leben und Tod. Der Erwachte hält sich an nichts fest, weder an Glück noch an Unglück, weder an Gutem noch an Schlechtem, weder an Erfolg noch an Misserfolg, weder an Freud und Leid, weder an Leben und Tod. In der Erkenntnis, dass all diese Zustände nichts als vorübergehende Wogen im Bewusstsein sind, betrachtet der Erwachte, der nie geschlafen hat, still und unberührt die Lebensabläufe in der Welt.

Man kann zwar über Einheit und Vollkommenheit sprechen und darüber philosophieren. So gewählt und intelligent die Worte auch sein mögen, sie sind nie das Unteilbare, das Vollkommene, das ewig Erlöste an sich.

Durch Erkennen und Realisieren des Unwandelbaren lösen sich alle Vorstellungen und Konzepte von einem Gestern und Morgen, von einem Kommen und Gehen auf. Leben und Tod hören auf zu existieren, doch *du* bist ewig *hier und jetzt*. Obwohl dieses Unwandelbare allem innewohnt, bleibt es unberührt und unangetastet von allem, was sich wandelt, und von allem, was geboren wird und stirbt.

Das Unwandelbare ist nicht etwas, das früher nicht existiert hat und jetzt neu erschaffen, erfunden und gestaltet werden muss, und ist auch nicht etwas, das irgendeinmal aufhört zu sein. Man kann *Es* weder gewinnen noch verlieren, aber man kann *Es* realisieren und verwirklichen, indem man tief gewahr wird, was man wirklich *nie* war.

Das Unwandelbare solltest du nicht mit subjektiven Gedankenkonstruktionen und Empfindungen beleben und in die vergängliche Wandelbarkeit herunterziehen und verdichten. Dieses So-Sein reißt dich weg von deinem wahren Sein.

Gewahrsein ist universell und nie individuell. Alle Wege und Vorstellungen lösen sich im universellen Gewahrsein auf. Richte dein Leben nicht nur nach dem, was du weißt, aus, sondern erlange Einsicht und Kenntnis über *den,* der zu wissen glaubt. Relativiere und durchschaue diesen äußeren Wesenskern, der sich als Ich-Bin darstellt. Erkenntnis transzendiert den Wissenden und führt den Erwachenden zurück in die große Ordnung. Lebe aus der großen Ordnung! Sie ist *das,* was du *wirklich* bist. Dann werden Gedanken und Handlungen Transformation und Vollendung bewirken. Der Erwachte urteilt und verurteilt nicht. Er unterscheidet die Dinge in der Außenwelt nicht mehr. Im unwandelbaren Sein ist alles *eins*, jedoch nicht gleichförmig.

Ohne eine Lampe gäbe es kein Licht, ohne Licht keine Wahrnehmung und kein Gewahrsein der Objekte im Raum. Es gäbe nur Dunkelheit. Dunkelheit ist jedoch nichts anderes als die Abwesenheit von Licht. Licht entsteht durch die Funktionalität der Lampe, ist aber nicht die Lampe selbst.

Der Körper ist wie ein Hologramm, das im Wachzustand in Raum und Zeit erscheint und durch die Essenz des himmlischen Lichts genährt und funktionstüchtig gemacht wird. Dein wahres Sein ist Licht, ewig frei von *dem,* was im Licht erscheint und durch das Licht sichtbar und erlebbar wird.

Was erscheint, spaltet sich auf und wird durch das *eine* Licht im Körper und in den Sinnen als Vielfalt in der äußeren Welt wahrgenommen. Dieses Licht erlischt nicht, wenn der Körper stirbt. Nur das, was durch das Licht sichtbar wurde und in Erscheinung trat, erlischt und stirbt. Das Licht der Welt ist nicht die Welt, aber Essenz und Grundlage für die Welt.

Dein wahres Sein ist *vor* den Erscheinungen im Bewusstsein und nicht *die* Erscheinungen im Bewusstsein. Dein wirkliches Hiersein ist mehr als nur ein Gedankengeflecht. Du bist universell, nicht Ich-Bin.

Wenn das Empfinden Ich-Bin sich im Bewusstsein emporschleicht, entsteht blitzschnell eine Subjekt-Objekt-Situation. Eine Identifikation mit Körpern und den Dingen in der Welt installiert sich und das Wesen heftet sich an Unwesentliches. In diesem kümmerlichen Zustand bleibt die Seele stecken, unfähig die schöpferischen, erweckenden Kräfte zum Fließen zu bringen.

Ursachen erzeugen Wirkungen. Sie erschaffen viel gutes und auch viel schlechtes Karma im Laufe eines Lebens. In diesen dichten alten Schicksalskräften ist der Mensch gefangen. Er lebt in seinem eigenen, selbst erbauten Gefängnis und leidet. Ob gutes oder schlechtes Karma, er ist in Raum und Zeit gefangen mit dem einzigen Unterschied, dass er mit dem schlechten

Karma an eine Kette aus Blei gekettet ist und mit dem guten Karma an eine Kette aus Gold. Die Gefangenschaft ist allerdings dieselbe – wobei das Helle sicher leichter zu ertragen ist als das Finstere. In dem Moment, in dem du dir deiner eigentlichen Situation in der vergänglichen Welt tief gewahr wirst, beginnen sich Risse in den Gefängnismauern zu bilden und das Gebäude wird allmählich einstürzen. Dann realisierst du, dass weder der Gefangene noch das Gefängnis jemals wirklich existiert haben.

Wer erwacht, ist frei von Illusion und auch dem Wunsch nach Erleuchtung. An welchem Äußeren, Vergänglichen könntest du dich noch festhalten oder dich daran erfreuen, wenn Nicht-Ich und Nicht-Sein tatsächlich verwirklicht sind?

Das Emporfließen von Leiden, Ängsten, Verzweiflung und Hoffnungslosigkeit in der Psyche des Menschen zeigt, dass er seine ursprüngliche Natur aus den Augen verloren hat. Er hat sich im Kraftstrom der konzeptuellen, vorgestellten Außenwelt verstrickt und begegnet dort genau *dem,* was er in Wirklichkeit *nicht* ist. An der Außenseite des Bewusstseins vollziehen sich Leben und Tod, Gesundheit und Krankheit, Leiden und Freuden. Mit diesen Abläufen und Entwicklungen identifiziert sich der Mensch und ist von der Wirklichkeit dieser Begebenheiten überzeugt. Leiden ist in der Welt allgegenwärtig und das Leben gewiss nicht immer einfach. Das Salz der Tränen begleitet den Menschen an die scharfen Kanten der äußeren Existenz und lässt ihn Alleinsein und Verlorenheit spüren. Doch auch in den dunkelsten Momenten hat der innere Edelstein nie aufgehört zu leuchten. Der zeitlose Ruf verstummt nie.

Das Leben ist eine Schatzkammer, in der viel Unterschiedliches verborgen ist. Wer die Tür öffnet, staunt!

Der Erwachte ist *ent*täuscht. Er ist nicht mehr von dem, was er sieht, hört, fühlt, schmeckt oder riecht, beeinflusst, aber er ist nie gleichgültig. Er ist gewahr, dass Sinnesbewegungen zwar Funktionalitäten seiner menschlichen Natur sind, das himmlische Nicht-Sein jedoch nie berühren. Losgelöst von Tun und Nicht-Tun, lebt er dort, wo nie etwas erreicht werden konnte und wo nie etwas vorgefallen ist. Er ist gewahr, dass es so etwas wie ein individuelles Leben nie gegeben hat. Nicht-Sein ist unser wahrer natürlicher Zustand, denn bevor etwas in Erscheinung trat, *bist du*.

Das nach außen verschobene Leben macht uns zu Fremden in unserem eigenen Haus, das keine Mauern hat. Zu erkennen, wie das eine auf das andere einwirkt, lässt den Menschen still, demütig und harmonisch werden. Er lebt im allumfassenden, universellen Gleichgewicht.

Lebewesen strömen alle aus derselben *einen* mysteriösen Quelle empor und werden zur

Natur, die wir im Innen und Außen sind. Im Außen lässt sich das übergeordnete, gemeinsame, evolutionäre Werden aller Lebewesen auf der Erde weder eingrenzen noch ausgrenzen. Auch den Lauf der Dinge, den Lauf der Zyklen der Welt können Einzelwesen weder kontrollieren noch beeinflussen. Erdenschwere entsteht, wenn der Mensch von der dumpfen Schwerkraft der Vorstellung Ich-Bin gefangen wurde und sich aus der Harmonie des himmlischen Eins-Seins entfernt und verabschiedet hat.

Alle Lebewesen existieren im selben Sein. Wie also könnten sie unabhängig und getrennt von *dem*, was du *wirklich* bist, existieren? Das ist nicht möglich. So gesehen, sind wir *gemeinsam eins*, aber nicht in der Vielfalt, sondern im Eins-Sein *vor* der Vielfalt. Äußere Dinge verändern sich, *das,* was du *wirklich* bist, nie! Die Welt und das gesamte Universum existieren in der *einen* Wirklichkeit. Aus diesem Grund kann man sie als Wirklichkeit, als Realität bezeichnen. Alles, was in der *einen* Realität als Form und Gestalt in Erscheinung tritt, ist wechselhaft und vergänglich. Dieses nach außen Verschobene und Wechselhafte könnte man als illusorisch bezeichnen. Es zeigt sich auch in der Gesamtheit des Lebens und Sterbens aller Lebewesen.

Wer die wechselhaften Phänomene durchschaut, wird deren Unwirklichkeit gewahr. Es gibt jedoch keinen einzigen Moment, wo das ewige Sein nicht ist. *Es* ist immer hier und jetzt.

Du bist immer hier, immer jetzt und brauchst weder dich noch die Welt neu zu erfinden, um *das* zu realisieren, was du *ewig* bist.

Wo Licht ist, existiert keine Dunkelheit. Wo Klarheit besteht, gibt es keine Unklarheit und wo Weisheit herrscht, keine Unwissenheit. Erwachen geschieht hier und jetzt und ist weder ein Prozess noch ein Ablauf.

Unmittelbares intuitives Gewahrsein ist zeitlos und gänzlich frei von Werden und Gewordenem. Das Heraustreten aus der Zeit hebt alles Werden auf und löscht alle Spuren. Nirgends existiert ein äußeres Gewahrsein von Geburt, Tod und Wiedergeburt, da ein Herausgleiten in Raum und Zeit aus dem vorweltlichen Sein nie wirklich stattgefunden hat.

Erwachen löscht das zeitlich gebundene Wissen aus. Alles, was man weiß oder wissen kann, ist vergänglich und für das Erwachen unbrauchbar. Nirgends ein Subjekt, nirgends ein Objekt – das ewige Sein lässt sich weder erfassen noch wissen. Es ist *das,* was durchs Auge schaut, doch das Auge kann es nie sehen und der Verstand nie verstehen.

Lass grenzenlose Freiheit dein Leben leben und kümmere dich nicht um Grenzen und Begrenzungen. Störe das stille Strömen des Seins nicht! Der Verstand ertränkt Schönheit und zerstört die Liebe. Durch den Verstand rutscht die Welt weg vom wahren heiligen Hier-Sein. Das Tragische daran ist, dass sich der Mensch seines Oberflächendaseins nicht einmal bewusst ist. Er rutscht ständig in Rastlosigkeit und Unruhe ab und entfernt sich dadurch aus dem großen Gleichgewicht.

Die Umstände, die dadurch erschaffen werden, bestimmen und prägen das Wirken und auch die subjektive Weltanschauung dieses Menschen. Das Leben wird von vorübergehenden Freuden und Leiden geprägt und gesteuert. Dieses Mitgerissenwerden schädigt sowohl sein psychisches wie auch sein physisches Dasein.

Einsicht und Klärung innerer Unebenheiten ermöglichen Erwachen. Abkehr vom Alten und Einkehr ins Neue führen zurück ins große Gleichgewicht. Nur Törichte verschließen ihre Augen und Ohren und leben weiter in Leiden und dumpfer Unklarheit.

Wellenförmig wandeln sich alle geformten Daseinsformen. Körper werden geboren und im Tod wieder zerstört. Auf dieses starke Weltgeschehen, in das alle Lebewesen eingebettet sind, hat der einzelne Mensch keinen Einfluss. Er ist machtlos. Für die Umwandlung der Welt ist das Mysterium zuständig und nicht der einzelne Mensch. Trotzdem steuern Ströme von Tränen die Welt. Die Tatsache, geboren zu werden und gleichzeitig dem Tod geweiht zu sein, hat sich wie ein tief sitzender Stachel in die Seele gebohrt.

Wenn sich der Mensch harmonisch in dieses

große Geschehen einfügt, wird er eins mit dieser immensen heiligen Weltkraft und fließt entpersonifiziert in die ursprüngliche Quelle zurück. Hier endet das Hin- und Hergeschwemmtwerden. Der Geschmack eines individuellen Lebens ist gelöscht, die Außenwelt im Innen aufgelöst. Was jenseits aller Grenzen offenbar wird, kann in Menschenworten nie erklärt werden. Alle ausgeformten Gedanken erzeugen nur Außendinge. Der Erwachte schaut ins Nichts. Er sieht nichts und ist doch seines reinen, allgegenwärtigen Hierseins gewahr.

Kümmere dich nicht um deine sprunghaften, unberechenbaren Gedanken. Meide, was dich nach außen reißt, und sei gewahr, dass du nie *das* bist, was du dir ausdenkst!

Wer erwacht, lebt natürlich und still im Nicht-Ich in harmonischer Übereinstimmung mit der Welt. Frei von Wollen und Zielsetzungen bleibt er unberührt von wechselhaften Lebensumständen. Er wirft die Angel nicht mehr aus, um etwas zu fangen. Was immer er auch fangen könnte, ist vergänglich und verlängert nur das Leiden und die Illusion.

Nichts und niemand hält dich davon ab, hinzusehen. Öffne deine Augen! Erblicke die himmlische Wirklichkeit des ewigen Seins! Wandere nicht, du bist schon zu Hause!

ALS DER TOD STARB

Wie ein Leben nach dem Tod wirklich ist, kann man letztlich nicht wirklich wissen. Das im Hinblick darauf gesammelte Wissen dehnt sich durch Raum und Zeit aus und wird durch diese begrenzt. Das Leben nach dem Tod lässt sich nicht wissen!

Durch Anschauung des Lebens werden anhand verschiedener Analogien und Hinweise gewisse Annahmen herausdestilliert, die eine gewisse logische Schlussfolgerung zulassen, dass Leben nicht am Tod haftet. Der vielschichtig kreative Denkkosmos stößt an Grenzen des Undenkbaren, an verstandesmäßig nicht Fassbares. Das Ichbewusstsein leidet in seinem engmaschigen Dasein und zappelt wie ein Fisch in einem unsichtbaren Netz.

Der Mensch möchte wissen, ob sein Leben nach dem physischen Tod weitergeht oder ob sein Dasein an dieser dunklen Schwelle endgültig ausgelöscht wird. Er hofft, dass die ihm vertraute sichtbare Form und seine Gedankenwelt in eine subtile, spirituelle, unsichtbare Gegenwelt eingehen werden, nach dem Prinzip »wie unten so oben, wie außen so innen«. Ob es diesen unsichtbaren Kontinent, der seit Jahrtausenden von vielen verschiedenen Kulturen in unterschiedlichen Glaubenskontexten immer wieder erwähnt wird, wirklich gibt, weiß man zwar nicht. Vieles spricht dafür.

Mit dem Auftauchen von Gedanken bilden sich Formen und Unmengen von Vorstellungen. Die Ich-Bin-Vorstellung ist die Schaltzentrale aller Vorstellungen und Konzepte, durch die unzählige Verknüpfungen und Verflechtungen entstehen. Dieses sich selbstbehauptende, aufgebaute System will vor allem eines: nicht sterben, nicht untergehen. Dieser starke Überlebenstrieb ist in allen Lebewesen vorhanden.

Denken ist die Ursache des Egos, und das Ego ist die Ursache von allem Wissen und Erinnerten. Der Mensch orientiert und definiert sich anhand dessen, was er weiß und erinnern kann. Wissen ist das, was der Mensch erlebt und woran er sich erinnern kann. Nur an seinen Tod kann er sich nicht erinnern, und das irritiert ihn. Irgendetwas in ihm fürchtet sich davor, weil er nicht weiß, was abfallen wird und ob es ein Danach wirklich gibt. Wenn ja, wie wird es dann dort für ihn sein? Bekanntes gegen Unbekanntes einzutauschen, ist gewiss keine erfreuliche Perspektive für das Ich-Bewusstsein. Es ist nicht bereit, den Körper und die Außenwelt als eine vergängliche Sache zu akzeptieren, als sein Nicht-Selbst. Gedanken kleben an der Erde und der Gestalt. Hier sind eben alle Wege möglich. Nicht-Haften und Ablösen sind Unworte für das Ego.

Wo vermehren nicht mehr möglich ist, findet Ich-Bin keine Befriedigung. Die Existenzgrundlage der erzeugenden Kräfte wird entmachtet und ihrer Sinnhaftigkeit beraubt. Was für ein törichtes Ego-Spiel! Verliere dich nicht in Träumereien! Nimm dich zurück! Entdecke den Geist der Tiefe, der nie stirbt!

Das, was du als dein Leben betrachtest, ist an deine Erfahrungen und die Perspektiven deiner Weltanschauung gebunden. Um über die Grenzen hinauszugelangen und das weite, innere, offene Meer zu schauen, müssen zuerst die personifizierten, überlagerten Schichten und Hüllen des Ich-Bewusstseins durchschaut und abgelegt werden. Die große Ordnung ist ewig unverhüllt, hüllenlos. Sie ist das himmlische Sein, das du *wirklich* bist.

Kein Mensch weiß, wie viele Jahrhunderte er schon von Tod zu Tod durch Raum und Zeit irrt. Wissen kann dies nie wissen.

Der Mensch sucht ständig sein Verhältnis zwischen sich und dem großen Mysterium auszuloten. Deshalb sucht er, forscht er, versucht zu wissen und zu verstehen. In seinem Suchen strömt er immer tiefer in den inneren Raum. Doch sein Strömen ist endlich und der ewige Ozean unendlich. Darin besteht der große Konflikt des Suchenden. Er sucht etwas, das er schon war, bevor er mit dem Suchen begann. Der Suchende sucht sich selbst. Er weiß aber nicht genau, was es eigentlich ist, das er sucht. Etwas drängt ihn zu suchen.

Der ewige Ozean birgt die Kraft zu strömen in sich. Der Mensch ist dessen nicht gewahr. Er verhält sich wie ein Fisch im Wasser, der unermüdlich das Wasser sucht. Innerhalb der äußeren Welt gibt es nichts Dauerhaftes, nichts Bleibendes, deshalb auch keine Ruhe und kein wirkliches Gleichgewicht. Alle Zustände haben einen Anfang und ein Ende. Alles, was in Erscheinung tritt, wird von derselben Kraft wieder zerstört. Alles Ferne und alles Nahe löst sich in nichts auf.

Der Blick nach vorne und der Blick zurück sind für den Erwachenden nicht mehr möglich. Der Sehende, der am Gesehenen festhielt, hat aufgehört zu existieren. Weder das Leben noch der Tod lassen sich festhalten. Alles, was auf eine körperliche Form beschränkt ist, kann groß oder klein, fein oder grob sein, und fähig, Dinge anzunehmen oder abzulehnen. Doch was geworden und geformt wurde, kann sich dem Wandel der Vergänglichkeit nicht entziehen und ist permanenter Auflösung unterworfen.

Der Erwachte wird vom Wandel keinen Schaden nehmen. Die Beschaffenheit seines Seins ist ewig und unwandelbar. Die Gier nach Leben, die Gier, jemand zu sein oder an etwas festzuhalten, ist gelöscht. In diesem Löschen verflüchtigten sich auch die Bindungen an die Schicksalskräfte.

Das Gute lässt sich nicht vom Schlechten trennen, die Liebe nicht vom Hass. Der Erwachte belebt daher weder das eine noch das andere. Wie könnte es Wertvolles oder Wertloses für *den* geben, der die Welt der Dinge hinter sich gelassen hat. Wer in der großen Ordnung lebt, weiß nichts von Unordnung, und wer im Zeitlosen beheimatet ist, nichts von Zeit.

Die Zeit, in der du mit deinem Körper lebst, kann nie mit der Zeit, in der du ohne Körper gelebt hast, verglichen werden. Die ungeheure Weite des Seins ist nicht ein Ding, das vom beschränkten Körper aus verstanden oder betrachtet werden könnte. Doch der Mensch ist stets dazu geneigt, genau dies tun zu wollen.

Nichts in Raum und Zeit kann Raum- und Zeitloses objektivieren und bestimmen. Jedes Objektivieren ist fehlerhaft. Es bezieht sich ja lediglich auf die innere und äußere Umgebung der sinnlich konstruierten und vorgestellten Sinneswelt.

Die zwanghafte Neigung nach Vereinheitlichung und Vereinigung der Körper ist tief ins Fleisch aller Lebewesen eingeprägt. Zeugen und sich vermehren, dieses sexuelle Drängen ist vom Insekt bis zum Elefanten, von der Blume bis zum Baum und in allen Menschen stark präsent. Die ganze physische Naturordnung ist aus dieser *einen* Kraft erschaffen und aufgebaut, dadurch auch die starken Bindungen und die Identifikation mit dem Körper.

Erotische Lustmomente der Eltern sind die Ursache dafür, dass dein Körper geboren wurde und zu gegebener Zeit wieder sterben wird. Ob dir das passt oder nicht, deine Eltern sind die Ursache und du die Wirkung. Du wurdest förmlich gezwungen, in die Menschenwelt einzutreten und dich in dieser zurechtzufinden.

Alles, was du glaubst zu sein und zu wissen, hast du von anderen gehört und gelernt. Mit diesem angelernten, aufgeschichteten Wissen identifizierst du dich und bist anhand dieses Wissens überzeugt, dass du als ein Ich-bin-Wesen existierst. Doch *wer* bist du, abgesehen von alldem, das du im Laufe deines Lebens von anderen gehört und gelernt hast zu glauben?

Dein Körper, den deine Eltern vielleicht gewollt oder ungewollt gezeugt haben, ist ja nicht wirklich deiner. Du bist ihr Produkt, und trotzdem sagst du, das ist mein Körper. Wie viel von dir existiert eigentlich in diesem Körper? Wer warst du, bevor all dieses äußere Wissen über dich gestülpt wurde, mit den unzähligen Erfahrungen, die durch dieses Wissen ermöglicht wurden? Dein physisches Dasein besteht aus nichts anderem als äußerem Wissen. Dein Körper ist da, weil er da ist und nicht, weil du ihn gewollt oder nicht gewollt hast. Dein In-die-Welt-geboren-Werden konntest du weder wollen noch verhindern.

Das Gefühl, da zu sein, Ich-Bin zu sein, basiert letztlich auf nichts anderem als deiner

Identifikation mit dem Körper und den starken Bindungen, die durch das äußere Wissen entstanden sind. Die sich daraus ergebenden Lebensperspektiven sind eng und dumpf und nur auf Erwerb und Nutzen ausgerichtet. Diese versiegelte Daseinsform ist fern vom reinen, himmlischen Licht und sperrt den Menschen in das Endliche ein.

Sei gewahr: Du existierst wirklich hier und jetzt, aber ein Etwas oder ein Jemand warst du im Hier und Jetzt nie. Du bist *das,* was die Welt *nie* berührt und sich nie mit Vergänglichen und Sterblichem vermischt. Auch das Bewusstsein, durch das alles entsteht und vergeht, warst du nie. Geburt und Tod sind nichts als ein großer Betrug, der von der von konzeptuellen Vorstellung Ich-Bin erzeugt wurde.

Niemand wurde geboren, niemand stirbt, weil es diesen Jemand in Wirklichkeit nie gegeben hat. Dein physisches Körpergewand stirbt von dir ab. Dein ewiges Sein ist körperlos. Du bist *nicht nichts*. Nur *das,* was du *wirklich* bist, lässt sich eben nicht in Menschenworten erklären. Was du wirklich bist, ist unermesslich heilig. Eine Schönheit, eine Sanftheit, eine vollendete, leuchtende Lichtkraft, die nicht von dieser Welt ist, bildet dein wirkliches, ewiges Hiersein.

Doch eine Sintflut von Missverständnissen und Illusionen verdeckt die Quelle und verhindert freies Fließen. Nicht-Sein ist das Nicht-in-Erscheinung-Tretende, ist grenzenlos und ewig anfangslos. Im ewig Fließenden hat es nie einen Ausgangspunkt gegeben.

Geh nicht mehr dorthin, wo du Schaden erleidest! Vertraue und sieh: Das Leben lebt sich selbst. Es ist alles in Ordnung in der Ordnung!

WIE DAS EWIGE SICH ZEIGT

Die Verkettungen und Anhaftungen des Menschen an die physische Welt der Formen und Körper sind außerordentlich stark. Diese grundlegende Tatsache führt dazu, dass für den Menschen nur das, was sichtbar und denkbar ist, wirklich existiert. Alles, was er nicht sehen und denken kann, entspricht nicht seinen materiellen Lebensvorstellungen und seinem materiellen Weltbild.

Das Gehirn sucht unaufhörlich nach Mustern und Strukturen, nach Fix- und Knotenpunkten, an denen es sich orientieren kann. Es benötigt etwas zum Ansehen, etwas, das es erkennen kann. Diese Bilder und Informationen werden im Gehirn spontan zusammengefügt und vereinheitlicht, gleichzeitig aber auch als etwas von ihm getrennt Existierendes angesehen und erlebt. Durch diese automatisierte Funktionalität vermischen sich die Dinge und werden unscharf. Das Eine erscheint als etwas Anderes, und aus eins werden zwei und mehr. Dieses veräußerlichte Empfinden von Dingen ist überlagert und hat keine eigenständige Wirklichkeit und Existenz.

Mit dem Überlagerten sind der Körper und auch die Welt, in der er erscheint, gemeint. Durch die prozessmäßigen Abläufe im Gehirn entsteht ein Empfinden von etwas Innerem und etwas Äußerem, einer Innen- und einer Außenwelt, die einander bedingen.

Alles, was durch die Sinne erscheint, ist der Vergänglichkeit unterworfen. Alles Gestaltete, das das Auge sieht und wahrnimmt, wird durch den Tod zerstört. Durch den physischen Tod wird die Schaltzentrale, das Gehirn, funktionsunfähig, und durch die Funktionsunfähigkeit des Körpers erlischt auch die Welt. Der Sehende und das Gesehene, der Denker und das Gedachte erlöschen und hören auf, zu funktionieren und zu existieren.

Die Grundlage der fünf Sinne in der erlebbaren Welt ist das Bewusstsein. Die Bewusstwerdung des Körpers und der Welt endet mit dem physischen Tod. Das Leben lebt sich selbst, und der Tod stirbt sich selbst.

Der Körper ist die Nahrung, durch die das Bewusstsein sich als Bewusstsein bewusst wird. Ohne Bewusstsein gäbe es weder ein Diesseits noch ein Jenseits. Das Einzelwesen, das Geburt und Tod erlebt, hofft auf ein Leben nach dem Tod, auf ein Leben, das ähnlich sein sollte wie das vor dem physischen Tod.

Der Mensch hofft, dass in einer anderen Welt die Kontinuität seines Daseins nicht unterbrochen oder gar beendet wird. Ich-Bin will nur eines: weiterleben mit oder ohne physischen Körper. Verflüchtigt sich beim Eintreten des Todes das vertraute Leben wie der Rauch eines Feuers, oder leben wir weiter?

Wird man die gesammelten Gedankeninhalte und religiösen Vorstellungen tatsächlich über die Schwelle des Todes hinaus mitnehmen können, und werden diese Inhalte in der fremden Gegenwelt bestehen können? Bleiben wir ewig so, wie wir sind?

Aber wer weiß schon, was Ewigkeit ist! Ist Ewigkeit eine sich endlos lang ausdehnende, nie endende Zeit oder ist sie vielleicht etwas ganz anderes, etwas Zeitloses, das frei von Werden ist? Man geht mit solchen Begriffen wie Ewigkeit um, als wäre der Begriff selbst die Tatsache an sich.

Der Mensch hat unzählige Begriffe erfunden, um Objekte und Dinge in der anschaulichen Welt zu benennen, zu kategorisieren und zu erklären. Doch all diese unzähligen Begriffe sind an sich gewiss nicht etwas Reales oder Ursprüngliches. Es sind Konzepte, die von Gehirnen kreativ erdacht wurden, damit man die anschauliche Welt verstandesmäßig und zweckmäßig versteht und interpretieren kann.

Das subjektive Weltengebilde ist ein Produkt des Verstandes und der Vernunft, einerseits real, andererseits völlig irreal, da es aus Einbildungen und komischen Vorstellungen entstanden ist. Die Anschauung der Welt existiert schlussendlich nur aus der Substanz des Wahrgenommenen und ist nichts anderes als ein zusammengefügtes Gebilde des Gehirns. Was auch immer du glaubst zu sein, es ist genau *das,* was du in Wirklichkeit *nicht* bist und *nie* warst.

Tief in deinem Innersten existiert die unverfälschte Evidenz dessen, was du jenseits aller Unterschiede und Gegensätze *ewig* bist. Du lebst in der Welt, aber sie nicht in dir. Sie ist bloß ein Schattenspiel deines Bewusstseins. Dein wahres Sein lässt sich weder erklären noch objektivieren. Sei nicht dieses oder jenes. Verliere dich nicht im Nicht-Selbst! Schaue tief in dich hinein. Sei der Quelle, aus der alle Missverständnisse entstehen, gewahr! Die starken Einflüsse, die durch das Wissen der Außenwelt entstehen und auf dich einwirken, gilt es umfassend zu durchschauen. Unterschätze die Kräfte dieser Einflüsse nicht, denn ohne dass du es bemerkt hast, entstand durch sie der innere Aufbau, der zu deinem äußeren Leben wurde. Diesen Aufbau siehst und erlebst du als dein Leben, mit dem du dich identifizierst.

Wenn das Unwirkliche in der Wirklichkeit verblasst, erlischt das unruhige Flimmern der Außenwelt im Bewusstsein. Der nach innen gekehrte Mensch kehrt sich nicht mehr ins Außen – dorthin, wo *nie* etwas wirklich existiert hat.

*Ent*decke deine wahre unverfälschte Natur im Hier und Jetzt. Hafte nicht an Vorstellungen und Konzepten, die du nie warst. Sei stets gewahr, dass du nie *das* bist, was du dir ausdenkst, da dein wirkliches Hiersein vorweltlich und undenkbar ist. Kümmere dich nicht um das, was du glaubst zu sein. Entdecke, was du *ewig* bist!

Deine Vergangenheit ist nichts als ein aus Gedanken bestehendes, erinnertes Gefüge und deine Zukunft nichts als eine unbekannte Entdeckungsreise, die du dir in der Gegenwart *vor*stellst. Du hast eine verfälschte Vorstellung von dir selbst, die durch die Identifikation mit dem Körper und den Objekten in der Welt entstanden ist. Seltsamerweise vertraust du den vergänglichen Dingen, die in deinem Bewusstsein erscheinen, mehr als *dem*, was du *wirklich* bist.

Das Vergängliche ist dir vertrauter als das Unvergängliche, und dies nur, weil du das Unvergängliche nicht denken kannst. Du bist davon überzeugt, dass nur das, was du denken kannst, wirklich und wahr existiert. Undenkbares ist für dich unwirklich, weil es kein Ding, kein Objekt ist.

Warum vertraust du nicht dem, das alles umfasst, ohne sich mit dem, was es umfasst, zu identifizieren. Das Wesentliche ist unbegrenzt, uneingeschränkt, zeitlos, immer hier und jetzt. Nicht-Sein schließt nichts aus oder ein und lässt sich weder ergreifen noch loslassen.

Ewigkeit umfasst nicht ein Gebiet, in dem Einzelwesen geboren werden und sterben. Ewigkeit ist alle Richtungen. Sie bewegt sich in keine und hat weder einen Anfang noch ein Ende.

Stell dir vor, du stehst allein in einer Wüste und hast Durst. In der Ferne bemerkst du ein Flimmern. Du siehst Wasser, einen See. Der Durst treibt dich voran, doch der See scheint sich immer weiter von dir zu entfernen, je näher du ihm kommst. Plötzlich wird dir bewusst, dass der See nichts als eine Spiegelung, eine optische Sinnestäuschung ist, eine Fata Morgana. Nachdem du die Funktionalität dieser optischen Täuschung im Bewusstsein durchschaut hast, wirst du dich nie wieder auf den Weg machen, um Wasser aus einem See zu trinken, den es in Wirklichkeit nie gab.

Gehe innerlich nirgendwohin. Entferne dich nicht mehr aus dem ewigen Nicht-Sein, dem ewigen Selbst. Wenn du realisierst, was du wirklich *nicht* bist, wirst du dich innerlich nicht mehr in die Außenwelt bewegen, um dort in vergänglichen Körpern und Objekten nach Zufriedenheit und Glück zu suchen.

Bleibe zu Hause in der vorweltlichen Quelle, dann sind dein Hunger und Durst für immer gestillt. Wenn der alte Schatten beiseitegeschoben und aufgelöst ist, sieht der Erwachte unzählige Welten, Körper und Objekte, die er still beobachtet. Er beobachtet das Manifestierte, steigt aber nicht in die Manifestation herab. Er realisiert, dass *das,* was *wirklich* ist, und *das,* was *unwirklich* ist, gleichzeitig im Hier und Jetzt existieren. Er sieht das Unwirkliche im Wirklichen.

Was erscheint, erscheint spontan, und was vergeht, vergeht spontan. Warum kümmerst du dich so intensiv um Dinge und Abläufe, die die du gar nicht beeinflussen oder kontrollieren kannst?

Wo warst du, bevor du geboren wurdest? Wo wirst du sein, wenn es dich als physischen Körper nicht mehr gibt? Wie viel Einfluss hast du auf dein wirkliches Sein und wie viel Einfluss auf dein unwirkliches Sein? Weil du dich durch Identifikation mit der Außenseite des Seins vermischt hast, hast du Unwirkliches im Wirklichen in dir erzeugt und eine innere Grenze zwischen dir und dem ewigen Mysterium erschaffen. Du hast dich von der Totalität, deinem wahren Sein, abgeschottet und bist dir dessen nicht wirklich bewusst.

LEBEN UND TRAUM

Seit Jahrtausenden beschäftigen die Fragen nach einem Leben nach dem Tod, nach Wiedergeburt und Unsterblichkeit Religionen und Philosophien. Aus der Sicht der Naturwissenschaft gibt es weder ein Leben nach dem Tod noch Wiedergeburt noch Unsterblichkeit. Und doch suchen Milliarden von Menschen nach Wegen und Möglichkeiten, den Tod zu überwinden und Unsterblichkeit zu erlangen. Dieses innere Brennen, der Wunsch nach einem ausgeweiteten ewigen Leben sitzt tief in der Psyche, der Seele des Menschen. Wahrlich, da sind starke Kräfte am Werk, die das Innerste des Menschen so bewegen und dieses mächtige spirituelle Feuer in ihm entzünden.

Begrenzungen gründen nicht im ursprünglichen Sein. Sture, zum Teil absurde Dogmen verbauen und verunmöglichen oft den Tiefblick ins eigene Sein. Religiöse Betrachtungsweisen werden von Autoritäten festgelegt und Abweichungen nicht toleriert. Autoritätsgläubigkeit und die damit einhergehende Furcht vernebeln die Vernunft des Menschen. Die starren Glaubenssysteme beharren auf ihrer Exklusivität und preisen selbstherrlich ihre Einzigartigkeit. Mit den Konzepten vom Bösen und vom Guten hält man die Menschen erfolgreich am Gängelband der Furcht und erklärt ihnen ausführlich, wie und weshalb die Guten unsterblich und glücklich ins Paradies gelangen und warum die bösen von finsteren Mächten in Höllenwelten gezwungen werden.

Aber was ist Unsterblichkeit? Bedeutet Unsterblichkeit, immer glücklich und schmerzlos ewig irgendwo an einem unbekannten Ort zu sein? Was weißt du eigentlich konkret über deinen eigenen Tod? Der Tod ist ein großes Hindernis im Leben des Menschen. Da ist diese tiefsitzende Angst vor der Zerstörung des Körpers und der gesamten Persönlichkeit, und diese Tatsache wirkt irritierend auf die Psyche des Menschen. Das Schlimme daran ist, dass sich niemand dieser Tatsache entziehen kann.

Du fürchtest dich davor, nichts mehr zu sein. Dieser Gedanke ist für das Individuum schwer zu ertragen. Jetzt bist du jemand und nach dem Tod nichts und niemand mehr. Die Sicherheit, die durch das Empfinden, jemand zu sein, entstanden ist, ist einerseits dein bester Freund und andererseits dein größter Gegner. Die Frage nach dem Sein und dem Nichts-Sein martert das Gehirn beim Herannahen des Todes.

Im offenen Gewahrsein, in der Mitte dieser widersprüchlichen Spannkraft ist das innere Tor, durch welches der Erwachende ins Wesentliche schaut, ins wirkliche, untrennbare, ewige Sein. In diesem Schauen löst sich alles Individuelle sanft auf und fließt ins Nicht-Ich zurück – aus dem begrenzten, vorgestellten, irdischen Leben ins allgegenwärtige, zeitlose Sein.

Der Tod weiß nichts vom Leben und das Leben nichts vom Tod. Beide bestehen lediglich aus überlagerten Gedankenkonstrukten. Im wahren, nicht dualen Sein existiert keine Manifestation.

Das eigentliche Problem liegt darin, dass du ständig von deinen eigenen Konzepten überwältigt wirst und deshalb deines natürlichen Hierseins nicht gewahr bist. Du bist ständig in den nach außen eilenden Gedanken unterwegs und sprintest unermüdlich weg von *dem,* was du *ewig* bist.

Wer erwacht, handelt nicht. Er hat den Herrscher der Zeit hinter sich gelassen und zerstört. Du hingegen veränderst dich ständig und möchtest auf der Reise durch dein Leben jemand Besonderes sein, jemand, der Spezielles erreicht und erlebt hat. Ja, du kannst alles haben, werden und erreichen außer *de*m, was du *wirklich* und *ewig* bist.

Der Verstand denkt über seine Endlichkeit nach und starrt innerlich auf sein bevorstehendes endgültiges Ende, dorthin, wo der König des Denkens entthront wird. Jetzt lebe ich, später bin ich tot. Vielleicht gibt es ja doch ein Leben nach dem Tod? Aber warum muss ich zuerst tot sein, um weiterzuleben? Wer stirbt und was lebt eigentlich weiter?

Der Verstand glaubt zu wissen. Er zelebriert alles, was er wissen kann und bereits weiß. Er herrscht auch über das ganze angeeignete spirituelle Wissen und die daraus resultierenden Erklärungen und Einsichten. Doch der Verstand und das Verstandene sind nichts als nach außen gekehrte Ausdrucksformen des Nicht-Selbst, nichts als ein Bündel aktiver Gedanken, die sich im Gehirn strukturieren und irgendwann wieder verflüchtigen.

Das Ewige lässt sich weder denken noch gedanklich erfassen. Um das ewige Sein zu realisieren, sind der Verstand und das Denken nutzlos.

Wenn reines himmlisches Licht im menschlichen Sein offenbar wird, brechen alle Schranken und Begrenzungen ein – die alten Lichter werden gelöscht. Einen konkreten Ausgangspunkt für das Ich-Bin hat es in Wirklichkeit nie gegeben, da Sein nie Schein ist.

Der Verstand ist das Wissen der Welt, und die Welt und der Verstand ruhen im Bewusstsein. Im Bewusstsein fließt der Wachzustand in die Traumwelt zurück. Alles fließt ineinander über, alles fließt nach innen und strömt nach außen. So bewegt sich der kosmische Lauf des bewussten äußeren Daseins, in den alle Lebewesen eingebettet sind. *Das,* was du *ewig* bist, bewegt sich jedoch nicht und wird von diesen Abläufen nie berührt. Realisiere in der *einen* und untrennbaren Wirklichkeit das wirkliche Sein! Realisiere in der *einen* Wirklichkeit, was du *nie* warst! Nichts existiert getrennt voneinander im *einen,* allumfassenden Bewusstsein.

Eine reglos bewahrende Stille ist da, aus der ein leiser innerer Ruf ertönt. Eine leise, feine Stimme, die das Ohr nicht hören kann, erinnert uns unermüdlich an unsere Bestimmung und ebnet den Weg zurück in die geistige Heimat. Die innere verborgene Natur des Seins ist erfüllt von ungetrübter Herrlichkeit und himmlischer Kraft. Wer in sie eingeht, vollendet und überschreitet die letzte Grenze.

Der Verstand ist die Welt, das Bewusstsein das Universum. Nichts existiert getrennt voneinander. Wer erwacht und mit klarem Auge die äußeren Schichten des vergänglichen Daseins durchschaut und hinter sich lässt, lebt frei von Vorstellungen und äußerem Wissen. Was ihn nährt, ist abgelöst von Wissen, dem Wissenden und dem Gewussten. Selten hat jemand den Mut und die nötige Intensität, die Welt und das Weltbewusstsein vollkommen zu überschreiten und zu transzendieren, denn die Menschen fürchten sich davor, nichts und niemand mehr zu sein. Dabei sind sie kaum gewahr, dass die Person, die sie glauben zu sein, in Wirklichkeit nichts als eine *Vor*stellung, eine flüchtige, vergängliche Bewegung im Bewusstsein ist.

Die meisten spirituell und religiös suchenden Menschen finden in inneren, konzeptuellen, dogmatischen Räumen ihre geistige Heimat und Erleuchtung. Hier gilt es zu erkennen, dass alles

Suchen, alle Bemühungen und auch alle Zweifel sich immer im *einen* Bewusstsein vollziehen. Nichts kann getrennt oder außerhalb des Bewusstseins existieren.

Innerhalb des Weltbewusstseins hat sich jedoch durch Identifikation mit den Objekten und dem Körper die konzeptuelle Ich-Bin-Vorstellung aufgebaut, verdichtet und dadurch die Wahrnehmung von ich und die anderen, von Mein und Dein aktiviert. Aus dieser dualen Energie sind das ganze Leiden und die damit einhergehende Ignoranz angeschwollen. Wie ein dunkler Schatten hat sich Vergängliches vor das ewige, himmlische Sein gelegt. Diese duale Ignoranz gilt es zu deaktivieren und zu entfernen, damit das ewige, reine, himmlische Sein wieder in deinem Herzen leuchten und dich transformieren kann. Du bist *nie das,* was kommt und geht!

Im nach außen gekehrten Bewusstsein lebst du als Person in der physischen Welt und bist von deinem Dasein als Körper so sehr eingenommen und begeistert, dass dir der Gedanke, Dinge aufzugeben und loszulassen, überhaupt nicht behagt. Du möchtest lieber dein Bewusstsein kontrollieren und alle Dinge, die dir gehören, festhalten und an dich binden. Du hast die Möglichkeit, alles, was dir jetzt gehört, überallhin mitzunehmen und dich an allen Objekten und Körpern festzukrallen.

Doch wenn der Tod dich küsst, löscht er das gierige konzeptuelle Güterdenken aus. Nichts von alldem, was du als deinen Besitz betrachtest, kannst du über diese unsichtbare Grenze mitnehmen. Die Kernkräfte dieses ausgeprägten Verhaltensmusters sind allerdings tief ins kollektive Weltbewusstsein eingeprägt und vibrieren anscheinend auch ohne physischen Körper weiter. Wie lange, weiß man nicht.

Die Güter, die du besitzt, besitzen offensichtlich auch dich. Alles, was du dein Eigen nennst, willst du unbedingt behalten und auch beschützen. Jegliche Form von Verlust verursacht Schmerzen in der Psyche und löst unter Umständen Ängste, Sorgen und Verunsicherung aus. Angstbesetzte Verlusterinnerungen flattern immer wieder aus unterbewussten Schichten empor und überschatten den Alltag. Eingetrübte Gedanken und Gefühle beeinflussen den Blick auf das Leben und auch auf die konkreten Handlungen in der Gesellschaft. Durch das permanente Hin- und Hergerissenwerden in der Gefühlswelt werden der innere, unsichtbare Boden und das äußere Gebiet der physischen Welt immer wieder erschüttert. Das Unsichere wird nie sicher, das Vergängliche nie ewig.

Nur das schattentilgende, himmlische Licht vermag das feuchte Gewand der Tränen zu trocknen. Erwache und orientiere dich nicht mehr am Wissen der vergänglichen Dinge!

Schaue nicht mehr zurück! Die Höhen und die Tiefen des ewigen geistigen Seins lassen sich weder durch physische Augen noch durch begrenzte Gedanken ausloten und analysieren.

Der lösungsorientierte Selbsterhaltungstrieb ist stets äußerst aktiv, doch etwas tief im Innern des Menschen sehnt sich nach Ruhe, Harmonie und Gleichgewicht. Allerdings prägt ehrgeiziges Beschäftigtsein meistens auch das spirituelle Suchen des Menschen. Er erhofft sich insgeheim Vorteile und einen Gewinn für sein Leben, vielleicht auch für sein späteres Leben nach dem physischen Tod. Dieses spirituelle Kuhhandelbewusstsein ist weit verbreitet und zeigt, wie herrlich korrupt das menschliche Ego funktioniert.

Das Ego ist ein herrschendes System, das nichts anderes will als herrschen, kontrollieren und sich rechthaberisch und skrupellos im Leben durchsetzen. Warum der Mensch so ist, ist wahrlich ein Rätsel! Die menschenbevölkerte Erde könnte effektiv ganz anders sein, wenn diese Gierkrankheit nicht wäre. Zum Glück ist diese ätzende Krankheit nicht unheilbar.

DER SPRUNG INS UNBEKANNTE

Die belebende Kraft, die aller Existenz zugrunde liegt, ist rein, frei und ungebunden. Sie ist nie etwas geworden und doch Grundlage für alles, was ist. Sie ist *das,* was du *ewig* bist. Erwachen bedeutet, das Leben und die Dinge in einer frischen und tieferen Perspektive wahrzunehmen. Unser wahres geistiges Hiersein existiert *vor* der physischen Gestalt und allem, was man sich ausdenken und *vor*stellen kann.

Was du in deinem Leben alles getan und erlebt hast, hinterlässt Spuren im Bewusstsein. Die eingelagerten, bildhaften Kräfte, die durch den Lärm unzähliger Gedanken im Gehirn entstanden sind, werden jeweils wie eine Art Echo im Außen in Form von Worten für die Mitmenschen hörbar. Diese Kräfte bestimmen und lenken deinen Alltag. Dein ganzes äußeres Leben ist ein Ausdruck dieser wollenden und bestimmenden Kräfte.

Das Bewusstsein, das im Körper existiert und physisches Dasein ermöglicht, ist an sich makellos. Das Problem ist der Verstand, der sich mit dem Körper und all den erscheinenden Objekten identifiziert. Die Identifikation mit den äußeren Dingen wirft einen dunklen Schatten über das reine, makellose Bewusstsein und erzeugt ein Empfinden von Getrenntsein.

Unermüdlich strapazierst du durch diese schattenhafte Ich-Kraft dein Nervensystem und machst dich in diesem Getrenntsein selbst krank. Du starrst nur auf äußeres Gestaltetes und Vergängliches und identifizierst dich mit allen Körpern und Objekten. So bleibt dir das innere, vorweltlich reine Licht verborgen, und du bleibst in diesem Ich-und-Mein-Egospiel gefangen.

Das innere Sternenfeld, aus dem du entstanden bist, ist vollkommen außerhalb deines Denkens und Fühlens. *Ent*decke es! Versuche nicht, es zu verstehen! Die Totalität zu realisieren, ist die Realisation der großen, vorweltlichen Stille, der Grundlage deines wahren Seins. Diese herrliche Stille absorbiert den Lärm der Welt und auch die Vorstellung, jemand zu sein, der in dieser überlagerten und vergänglichen Welt lebt.

Wer die Totalität realisiert, ist immer gleich – unbeeinflusst von der Umgebung und unbeeindruckt von den Abläufen und Begebenheiten in der Welt. Die konzeptuellen Ideen von Existenz und Nicht-Existenz, von Vielfalt und Einheit sind im Erwachten endgültig weggeschmolzen. Der Körper und die Welt erscheinen zwar im Bewusstsein, aber die Erscheinungen besitzen weder eine eigenständige Realität noch eine autonome Existenz.

Die projizierten und bewegten Bilder, die im Gehirn durch die Sinne im Außen wahrgenommen werden und dort aktiv sind, kann man mit einem Film vergleichen, der im Bewusstsein abläuft. Der Hauptdarsteller des Films ist der Körper und der Ich-Bin-Gedanke. Die Aktivitäten der Sinnesinstrumente sind allerdings nichts anderes als Funktionalitäten des Bewusstseins.

Die äußeren Umstände, in denen du lebst, basieren einzig auf den Sinnesaktivitäten im Bewusstsein. Die äußere Welt spiegelt die innere Welt und wird dort als wirklich und wahr empfunden. Zwar erscheinen der Körper und die Welt tatsächlich in der *einen* Wirklichkeit, da ja nichts getrennt oder außerhalb der Totalität existiert. Doch dein wahres ewiges Sein ist vorweltlich unerzeugt und *vor* allen Erscheinungen. Du bist Sein und nicht Schein!

Die allgegenwärtige Lebendigkeit, die durch den Körper strömt, macht ihn bewusst und lebensfähig. Lebendigkeit an sich ist keine Erfahrung und macht auch keine Erfahrungen. Lebendigkeit ist die Essenz, die durch Bewusstwerdung Geburt und physisches Leben ermöglicht. Die Essenz ist der Treibstoff, aber nie das Vehikel. Lebendigkeit bleibt ewig unberührt und unangetastet von allem, was erscheint und vergeht, so wie Sonnenlicht ewig unangetastet von den Erdschatten ist.

Erfahrung entsteht durch Identifikation mit dem Körper und den wahrgenommenen Dingen, und durch diese *Vor*stellung entsteht unmittelbar eine Abspaltung vom ewigen Sein, ein Abtauchen in zeitlich erscheinendes Nicht-Sein. So werden unzählige Ursachen mit ihren Auswirkungen geboren, die nichts als Leid und Sorgen erzeugen.

Die Natur ist mit physischem Leben und dessen Tod ausgestattet. *Das,* was sie belebt und durchdringt, ist vorweltlich und gänzlich jenseits alles physischen Daseins. Wahrlich, dein wirkliches Sein ist ein unermesslich heiliges Mysterium.

Der Körper wird geboren und stirbt wieder. Dein absolutes Hiersein bleibt von diesen Abläufen unberührt und unangetastet. Was du *ewig* bist, berührt das Sichtbare und Erlebbare nie. Dessen bist du wohl nicht wirklich gewahr, da du dich mit deinem Körper und den Objekten, die du wahrnimmst, identifizierst. Du bist davon überzeugt, dass alles, was du wahrnimmst, wirklich und wahr sei und mit dir koexistiere. Das Körperbewusstsein und die fünf Sinne drängen ständig zum Handeln. Sie bilden die Matrix, die Natur des psychodynamischen Daseins aller Lebewesen in der Welt.

Du bist ständig am Tun und Werden, doch bist du der allem zugrunde liegenden Essenz gewahr? Der Körper und die Welt sind vergänglich, was du *wirklich* bist, *nicht.* Sei gewahr, du bist nie *das,* dessen du gewahr bist!

Das ewige Sein ist grenzenlos und nie der begrenzte Körper, durch den du in Raum und

Zeit zu existieren glaubst. Alles, was du dir durch die vielen Jahre ausgedacht und vorgestellt hast, bist du nicht. Trotzdem hast du dieses Nicht-Selbst-Dasein zu deiner Realität erkoren und erlebst Unwirkliches als wirklich. Du schenkst deine Gedanken vor allem der äußeren, vergänglichen Welt und verkennst dein wirkliches, ewiges Sein.

Das Allgegenwärtige erscheint im Außen wie ein Traum und löst sich wie ein Traum wieder auf. Zu glauben, dieser Traum sei wirklich, wäre dumm, und zu glauben dieser Traum sei unwirklich, noch dümmer. Das Allgegenwärtige ist ewig sich selbst und essenziell *das,* was du *ewig* bist.

Beim Zurückfließen aus dem Schlaf in den Wachzustand wirst du dir unmittelbar deines Körpers und der Objekte im Raum gewahr. In diesem Gewahrsein vollziehen sich unmittelbar spontane Verbindungen und Verknüpfungen mit den Objekten, die im Bewusstsein in Erscheinung treten. Dieses im Bewusstsein nach außen gekehrte, überlagerte und sinnengebundene Konstrukt wird, ohne zu zögern, von dir als eine wirklich existierende Tatsache akzeptiert. Du kannst nur etwas wissen und kennen, das außerhalb deines ewigen Hierseins angesiedelt ist und sich von *dem,* was du *wirklich* bist, grundsätzlich unterscheidet. Über was auch immer du nachdenkst, es existiert getrennt und außerhalb von dir. Das Denkende wie auch das

Erdachte sind nur Funktionalitäten des zeitgebundenen Bewusstseins, das nichts vom heiligen Nicht-Sein weiß.

Das Sehende benötigt etwas, das es sehen kann. Seine Existenz hängt davon ab. Das Subjekt und das Objekt bedingen einander. Du glaubst an das, was geboren wurde und sterben wird. Du verwechselst Erscheinung mit Realität. Alles, was erscheint, wird enden. Nur *das*, was du *wirklich* bist, endet *nie*; denn einen Anfang von etwas hat es außer in deinen Vorstellungen nie gegeben.

Der physische Körper trägt mit der Geburt bereits sein Ende in sich. Aber was kümmert das dich, dich, der du nie ein Körper warst? *Ent*decke, was sich hinter der Erscheinung befindet, dann wird *das,* was du *nicht* bist, verschwinden. Du übersiehst, was wirklich ist, und hältst dich seltsamerweise an dem fest, was unwirklich ist.

Es gibt keinen Moment, in dem *das,* was du *ewig* bist, nicht existiert. Wenn es nur diesen *einen* Moment gibt, bedeutet das, dass du dieser eine, zeitlose Moment selbst bist. Um dich selbst zu sein, musst du dich nicht neu erfinden. Hier und jetzt ist nicht etwas, das du früher noch nicht warst und später, in der Zukunft sein wirst. Nur der nach außen gekehrte Verstand ist imstande, solch ein absurdes, illusorisches, inneres Gebäude zu erschaffen. Denken ist das Wesen des Verstandes. Seine Heimat ist der physische Körper. Sobald der stirbt, stirbt auch der Verstand, das Verstehen und das Verstandene. Sie lösen sich in nichts auf. Sei dir, solange du im Körper lebst, stets bewusst, dass du weder dieses Weltgefäß noch der Verstand bist. Sie sind etwas durch Geburt Hinzugefügtes, das durch Identifikation verdichtet und aktiviert wurde. Der Körper und der Verstand kennen dich nicht. Du kennst sie und hauchst ihnen durch deinen Ich-Bin-Egotrip unermüdlich Leben ein und nährst das Nicht-Selbst.

Lasse dich nicht von deinen Gedanken und Vorstellungen beherrschen. Obwohl sie da sind, sind sie nie du. Gedanken und Vorstellungen entstehen *in* dir, in deinem Bewusstsein, und existieren nie getrennt oder außerhalb von dir – dies gilt es zu erkennen. Du bist die Auswirkung der von dir in Gang gesetzten Ursachen, und dein äußeres Leben spiegelt deinen Ich-Bewusstseinszustand. Diese Dynamik wird durch das überlagerte Nicht-Selbst erzeugt – vor dem Hintergrund des ewigen, vorweltlichen Seins.

Warum die Welt so ist, wie sie ist, weiß man nicht. Auch die Essenz unseres ewigen Hierseins ist unerklärbar. Was man verstehen kann, weicht ab vom ewigen Sein. Was man im Wirklichen als unwirklich erkennt, relativiert das überlagerte Ich-Bin-Bewusstsein und löscht es aus. *Ent*decke, wo das Innen und das Außen in dir erscheinen. An diesem Schnittpunkt kannst du beide durchschauen, überwinden und transzendieren.

Still, in konsequentem Nicht-Handeln geschieht ohne willentliche Anstrengung Erwachen. Es ist, wie wenn man in einem Badezimmer ein Fenster öffnet und frische, kühle Luft strömt in den Raum. Die Feuchtigkeit, die sich wie ein Dunstschleier über einen Spiegel im Bad gelegt hat, löst sich sachte von selbst auf. Der Spiegel wusste nichts vom Dunstschleier und die frische Luft nichts vom eingeleiteten Verdunstungsprozess.

Erkenne, wie Gedanken aus dem Verstand hervorgehen und dir ihre Wichtigkeit vorgaukeln. Die Welt ist *das,* was du durch deinen Körper und die Sinne wahrnimmst und im Außen erlebst. Doch weder der Körper noch der Verstand noch die sichtbare Welt können *das* sein, was du vorweltlich *ewig* bist.

Ein von einem Künstler gemaltes Landschaftsbild kann ja auch nicht der Künstler selbst sein, obwohl das Gemälde von ihm und durch ihn erschaffen wurde. Das Gemälde ist nie der Künstler und der Künstler nie das Gemälde.

Auch wenn sich die Welt um dich bewegt, sei still! Bleibe still und lasse dich nicht von Unwahrheiten und Unklarheiten mitreißen! Alle Objekte, alle Körper und deine gesamte Umgebung existieren in und aus einer einzigen Kraft, in ein und demselben Bewusstsein. Nichts kann unabhängig oder getrennt von dieser *einen* Kraft existieren. Die Welt um dich verändert sich ständig, dein wahres Sein *nie*.

Du hast die Möglichkeit, alles zu denken.. Die Welt, in der du im Außen lebst, ist ja dein eigenes Gedankenkonstrukt. Alles kannst du denken, außer dich selbst. *Das,* was du *ewig* bist, ist wahrlich undenkbar. Achte nicht auf das vergängliche Ich-Bin und die unruhigen Gedanken und Gefühle, die aus ihm entspringen! Sei stets der leuchtenden Essenz in dir – hinter allen Erscheinungen – gewahr.

Das Denken baut viele unterschiedliche Lebensschichten auf. Jede Schicht hat ihre eigene Dynamik und ihr eigenes dazugehöriges Denkformat. Doch diese Formate sind alle mental und deshalb imaginär. Die Perspektive, aus der du deines Hierseins gewahr bist, ist maßgebend. Lausche in dich hinein, lausche durch alle Schichten deiner inneren Welt! *Ent*decke die große Stille, dein wahres Sein!

IM FLUSS VOR DEN GEDANKEN

Was Gedanken an sich wirklich sind, weiß eigentlich niemand genau. Das Gedachte und Erdachte lässt sich objektivieren und wissen. Das, was Denken ermöglicht, lässt sich weder wissen noch objektivieren.

Gedanken transportieren die Informationen, die im Gedächtnis gespeichert und eingelagert sind. Durch Reflexe und Stimulation der Sinne werden diese Informationen im Gehirn immer und immer wieder von Neuem reaktiviert und verarbeitet. Gedanken sind materieller Natur und funktionieren meistens autonom und blitzschnell. Sie sind wohl gasförmig, vielleicht dünnflüssig.

Alles, was du dir ausdenkst, bezieht sich ausschließlich auf die vergängliche Erscheinungswelt, die im Gehirn durch komplexe chemische Prozesse entsteht. Rasend schnell werden Reflexe und sinnliche Stimulationen zu einer einheitlichen Erlebniswelt im Gehirn zusammengefügt. Gebündelte Gedanken fügen sich autonom und gesetzmäßig zusammen und werden durch diesen Prozess entschleunigt und verdichtet und dann in der Außenwelt ausgeformt und sichtbar gemacht. Die nach außen projizierte Gedankenwelt ist jedoch nicht getrennt oder verschieden von der Innenwelt, denn das Innere wird zum Äußeren und das Äußere zum Inneren. Innen und außen bedingen einander.

Die gasförmigen Gedanken werden im Außen verdichtet und dadurch wahrnehmbar und erlebbar. Was so wahrnehmbar ist, spiegelt sich im Gehirn wider und wird durch den Verstand verarbeitet. Die gesamte Manifestation ist nichts anderes als ein Schattenspiel im Licht des Geistes. Das Schattenspiel ist endlich und vergänglich. Das ursprüngliche Licht ist ewig und unvergänglich. Es ist deine wirkliche geistige Heimat!

Das individuelle spirituelle Suchen und Streben bewirkt letztlich nichts als ein unermüdliches Beleben und Anfeuern des sich ständig verändernden Schattenspiels des Geistes im Bewusstsein. Der Ich-Mensch sucht Ich-Erfahrung und Ich-Erfüllung und nicht Vollendung in der Ichlosigkeit.

Alles, was ist, hat seinen Ursprung im ewigen Sein. Obwohl im Ausdruck scheinbar unterschiedlich, ruht doch alles im *einen* großen Mysterium, aus dem alle himmlischen Kräfte offenbar werden. *Das,* was du *ewig* bist, erfüllt das gesamte Universum. Dein wahres Sein hält sich nie zu einer bestimmten Zeit an einem spezifischen Ort auf. Dein wirkliches Sein ist formlos, zeitlos und ortlos, aber *nicht* nichts.

Warum fürchtest du dich vor dem grenzenlos leeren, leuchtenden Raum? Weil er unerklärbar und unfassbar ist? Warum fürchtest du dich vor dir selbst, vor dem wahren ewigen Sein? Solange du dich mit den Schattenspielen des Geistes im Bewusstsein vergnügst und identifizierst und dich in mentale Abläufe verstrickst, so lange wirst du leiden und von den Phänomenen, die sich in deinem Bewusstsein als Leben und Tod präsentieren, mitgerissen werden. Wer sich mit Äußerem und Vergänglichem identifiziert, weicht ab, leidet, stirbt und wandert von Tod zu Tod. Etwas wird empfangen, geboren und stirbt. Nur *das*, was du *wirklich* bist, ist todlos.

Die *Vor*stellung, die du von deinem Leben hast, kann nie wirklich und wahr sein, da das Vorgestellte vordergründig von der Ichheit erzeugt wurde und von ihr als etwas real Existierendes empfunden und betrachtet wird. Doch das nach außen gekehrte Bewusstsein ist nichts als ein unsteter flackernder Schatten des himmlischen Lichts. Gott weiß nichts von den Schatten und die Schatten nichts von Gott.

Die dynamische, egozentrische Schattenkraft ist rastlos und hat vor allem eine Eigenschaft, sie will ständig auf irgendeine Art befriedigt und besänftigt werden. Die Egokraft ist mit Wünschen, Begierden und Trieben gesättigt und ausgestattet – mit schattenhaften Kräften, die den Menschen durchs Leben jagen und vom ewigen Sein wegreißen.

Deine Wahrnehmung der Welt wird immer von deinen Erinnerungen beeinflusst und ist von ihnen abhängig. Was auch immer du siehst, kennst und benennst, in deiner Sicht der Dinge bist du immer allein. Das bedeutet, dass du immer nur *deine eigene* Welt siehst und *in* deiner Welt *über* deine Welt nachdenkst.

Um zu sehen, brauchst du Dinge, die du sehen kannst, Objekte, die sich im selben Raum wie du aufhalten. Dein Körper ist auch nur eines von unzähligen Lebewesen, die sich im weiten Weltraum aufhalten. Was dieser gigantische Behälter an sich eigentlich ist, weiß man nicht. Leeren Raum kann man weder sehen noch objektivieren – und doch gibt es ihn.

Ob diese Objekte, Körper und Dinge, die im Raum des Wachzustandes im Bewusstsein erscheinen und wieder verschwinden, wirklich real existieren, ist mehr als fragwürdig. Ohne Bewusstsein existieren weder Raum noch Zeit noch die Dinge, die im Raum wahrnehmbar sind. Alle Körper sind Bewusstsein und werden im Bewusstsein bewusst wahrgenommen. Sei, was du *ewig* bist, ohne etwas zu sein oder zu werden. Was immer du noch werden möchtest, es wird *nie das* sein, was du *wirklich* bist. Erkenne, dass der Ort, an den du innerlich hinwolltest, der Ort ist, an dem du schon warst, bevor du dich auf den Weg zu dir selbst gemacht hast. Nur durch Missverständnisse und Unklarheiten hast du dich aus dem ortlosen Ort entfernt. Das Königreich Gottes sei näher als Hände und Füße, bloß einen Lidschlag entfernt, hat Meister Jesus verkündet.

IM LICHT DES GEISTES

Erleuchtung ist kein Produkt einer subjektiv erfassten Wahrheit. *Er*leuchtung ist nicht etwas, das man durch willentliche Anstrengungen oder Glaubensbekenntnisse haben oder erreichen könnte. *Er*leuchtung ist ja nicht Ich-Leuchtung.

Weisheit produziert man nicht und kann sie weder lernen noch wollen. Doch wenn das Ich verschwindet, wird sie offenbar. Weisheit kommt vom Himmel und nicht vom Menschen, da sie im Nicht-Ich glänzt.

In tiefem Ablösen fließt Ich-Bin ins Nicht-Sein zurück, und so steht der Erwachte im Nicht-Handeln der Welt zur Verfügung. Er ist eine übergeordnete himmlische Kraft, die dem Menschen sanft das sichtbare, sterbliche Weltkleid auszieht, um ihn an einen unbekannten, leuchtenden Ort mitzunehmen. In seiner stillen Anwesenheit beginnen die Herzen der Menschen zu glühen und zu leuchten. Sie werden sich ihres ursprünglichen, himmlischen Seins gewahr.

Wahrlich, du bist das Leuchten in der Nacht. Leben und Tod haben keine Macht über dich. Wenn du wirklich erwachst und die Unwirklichkeit in der Wirklichkeit endgültig durchschaust und überwunden hast, dann bist du *eins* mit allem, was ist, und *eins* mit allem, was Nicht-Ich ist. Vom ewigen Sein gesegnet und durchdrungen, stehst du in der Welt und füllst den Raum mit himmlischem Licht. Die Welt hat dich nie berührt, nie verletzt, dir nie Schaden zugefügt, da dein wirkliches Sein die Welt nie betreten hat.

Lieblingsspruch von Meister M – mit einem schalkhaften Lächeln:
»Seit ich tot bin, fühle ich mich sehr lebendig!«

Kontaktadressen und Informationen für
Zusammenkünfte und Darshans mit Meister M

Deutschland
Herbert und Eva Werner
E-Mail: organisation.mantese@gmx.de

Deutschsprachige Schweiz
Renate Schmidlin
E-Mail: organisation.mantese@gmx.ch

Französischsprachige Schweiz
Franco della Corte und Yolande Favre
E-Mail: organisation.mantese@bluewin.ch

Für weitere Informationen besuchen Sie bitte die
Homepage von Meister M
www.mariomantese.com

Meister M trifft niemanden privat
und ist auch telefonisch nicht erreichbar.
Er empfängt die Menschen ausschließlich an
angekündigten Darshans und Zusammenkünften.

Weitere Bücher von Mario Mantese

Der Taoist
Der geheime Weg
211 Seiten, € 19.–

Die Welt bist Du
Perlen der Liebe
97 Seiten, € 8.–

Sei, was du ewig bistt
Aus vorweltlichen Tiefen
186 Seiten, € 17.–

Im Herzen der Welt
Autobiografie von Meister M
316 Seiten, € 23.–

Ein Weg aus den Sorgen
Geschenke an die Seele
179 Seiten, € 19.–

im Verlag Edition Spuren

Reise durch die Ewigkeit
Die geheime Loge
233 Seiten, € 19.–

Flugstunden für Engel
Satirische Farbtupfer
93 Seiten, € 14.–

Im Land der Stille
Lehrzeit im Himalaya
253 Seiten, € 19.–

Im Garten deiner Seele
Briefe an Meister M
156 Seiten, € 22.–